日本史
超びっくり！謎伝説

小沢章友・著
RICCA・絵

集英社みらい文庫

目次《もくじ》

はじめに

聖徳太子《しょうとくたいし》は、いなかった？　上杉謙信《うえすぎけんしん》は、女性《じょせい》だった？　信長《のぶなが》は、本能寺《ほんのうじ》で死《し》んでいなかった？　徳川埋蔵金《とくがわまいぞうきん》が、どこかにうまっている？

「まさか、そんなこと、ありえない」

と、思《おも》われるような、これまでの日本《にほん》の歴史《れきし》の常識《じょうしき》では考《かんが》えられない新説《しんせつ》・伝説《でんせつ》・奇説《きせつ》が数多《かずおお》くあるのを、みなさんはごぞんじでしょうか。

もしかしたら、みなさんも、そうした信《しん》じられないような話《はなし》をいくつか耳《みみ》にしたことがあるかもしれませんが、教科書《きょうかしょ》で教《おそ》わったものとは、まるでちがう、こうした多《おお》くの珍《ちん》説《せつ》・伝説《でんせつ》は、どうして生《う》まれてきたのでしょう。

もともと、日本《にほん》の歴史《れきし》は、世《よ》にのこされた、さまざまな文献《ぶんけん》や史料《しりょう》、言《い》い伝《つた》えなどから、なりたってきました。

けれど、こうした文献《ぶんけん》・史料《しりょう》には、同《おな》じ歴史的《れきしてき》な事実《じじつ》をあつかっていても、細《こま》かい点《てん》で、いろんなくいちがいがあったり、それどころか、まったくべつなことや、正反対《せいはんたい》のことが書《か》かれていたりします。そのどちらが、歴史《れきし》として正《ただ》しいのか、どれが真実《しんじつ》を伝《つた》えているのか、よくわからないことが、ままあるのです。

ときどき、新《あたら》しい史料《しりょう》が発見《はっけん》されて、「あ、事実《じじつ》は、そうだったのか」と、歴史的事実《れきしてきじじつ》の改訂《かいてい》や、再認識《さいにんしき》がされるときがあります。このように、わたしたち日本人《にほんじん》の歴史《れきし》は、まだまだ、すべて解明《かいめい》されたとはいえないところがあるのです。

この本《ほん》では、みなさんがこれまで教《おそ》わってきたもの、伝《つた》え聞《き》かされてきたものとは、すこし（かなり？）、ちがうかもしれない、いわゆる日本史《にほんし》の「超《ちょう》びっくり！謎伝説《なぞでんせつ》」を、紹介《しょうかい》してみました。

「えっ、それって、ほんとう？」

「事実《じじつ》と、まるで、ちがうんじゃない」

これらひとつひとつに、みなさんは、そういいたくなるかもしれません。

でも、もしかしたら、それがほんとうのことかもしれない……と、ずっと昔《むかし》から人々《ひとびと》の間《あいだ》ではいわれてきたことなのです。

「ひょっとしたら、それこそがほんとうかも……」

と、そんな風《ふう》に思《おも》われる、日本《にほん》の歴史《れきし》にまつわる、さまざまなミステリーを、ここでは紹介《しょうかい》してみましたが、あくまでも、これらは正史《せいし》（いま正《ただ》しいとされている歴史《れきし》）でも、真説《しんせつ》でもないものがほとんどです。

「もしも、ほんとうだったら、おもしろいね……」

と、みなさんが、これらの「日本史《にほんし》　超《ちょう》びっくり！謎伝説《なぞでんせつ》」を、楽《たの》しく読《よ》んでいただければ、さいわいです。

小沢《おざわ》　章友《あきとも》

第《だい》一章《しょう》

じつは死《し》んでいなかった!?伝説《でんせつ》

源義経《みなもとのよしつね》は、モンゴルでチンギス・ハンになった？

「えっ、まさか？」

「それって、ほんとうなの？」

と思《おも》われるのに、なぜか、それを聞《き》くと、すこし胸《むね》おどるような気持《きも》ちにさせられるのが、この「義経《よしつね》＝《イコール》チンギス・ハン」伝説《でんせつ》（？）でしょう。


源義経《みなもとのよしつね》は、鎌倉幕府《かまくらばくふ》をひらいた源頼朝《みなもとのよりとも》の異母弟《いぼてい》でした。

平治元年《へいじがんねん》（一一五九）、源義朝《みなもとのよしとも》の九男《なん》として生《う》まれた義経《よしつね》は、おさないころは牛若丸《うしわかまる》とよばれていて、十一歳《さい》のときに鞍馬寺《くらまでら》にあずけられます。しかし、僧《そう》になることをこばみ、奥州平泉《おうしゅうひらいずみ》（岩手県《いわてけん》）へくだり、鎮守府将軍《ちんじゅふしょうぐん》の藤原秀衡《ふじわらのひでひら》のもとで、たくましく成長《せいちょう》します。

治承四年《じしょうねん》（一一八〇）、兄《あに》の頼朝《よりとも》が流《なが》されていた伊豆国《いずのくに》（静岡県《しずおかけん》）で「平家打倒《へいけだとう》」の兵《へい》をあげると、義経《よしつね》は兄《あに》のもとへかけつけます。

「おう、九郎《くろう》か」

「はい、兄上《あにうえ》、お会《あ》いしとうございました」

源氏《げんじ》の棟梁《とうりょう》（武士団《ぶしだん》を統率《とうそつ》する者《もの》）の血《ち》をひく、頼朝《よりとも》と義経《よしつね》の兄弟《きょうだい》は、涙《なみだ》の再会《さいかい》をして、敵《てき》である平家《へいけ》と戦《たたか》うことをちかうのです。

義経《よしつね》は、強力無比《きょうりょくむひ》の僧《そう》、武蔵坊弁慶《むさしぼうべんけい》をしたがえて、目《め》をみはるような強《つよ》さを発揮《はっき》していきます。

寿永《じゅえい》三年《ねん》（一一八四）、二月七日《がつなのか》。

「鹿《しか》がとおるなら、馬《うま》もかよえよう」

とばかり、鵯越《ひよどりごえ》（兵庫県《ひょうごけん》）の断崖絶壁《だんがいぜっぺき》をかけおり、ふつうでは考《かんが》えられない「逆落《さかさお》とし」をおこなって、崖下《がけした》でゆだんしていた平家《へいけ》の軍勢《ぐんぜい》を、義経《よしつね》はみごとに討《う》ちやぶります。

こうした義経《よしつね》の天才的《てんさいてき》な戦術《せんじゅつ》は、この「一《いち》の谷《たに》の奇襲《きしゅう》」だけではありませんでした。平《へい》家《け》とのいくさでは負《ま》けしらずで、連戦連勝《れんせんれんしょう》していくのです。

元暦《げんりゃく》二年《ねん》（一一八五）の三月《がつ》二十四日《か》。

長門国《ながとのくに》赤間《あかま》ヶ関《がせき》の壇《だん》ノ浦《うら》（山口県下関市《やまぐちけんしものせきし》）でくりひろげられた、平家《へいけ》との最後《さいご》の戦《たたか》いとなった「壇《だん》ノ浦《うら》の戦《たたか》い」で、義経《よしつね》は大勝《たいしょう》し、ついに平家《へいけ》をほろぼしてしまいます。

けれど、そのあと、義経《よしつね》にとって不幸《ふこう》なことがおきてしまうのです。

きっかけは、兄弟《きょうだい》の仲《なか》をひきさこうとする後白河法皇《ごしらかわほうおう》の策略《さくりゃく》にのり、兄《あに》の頼朝《よりとも》のゆるしをえずに、後白河法皇《ごしらかわほうおう》から官位《かんい》をあたえられたことからでした。

「なにを考《かんが》えておるのだ、義経《よしつね》は」

源氏《げんじ》の家臣《かしん》は、すべて棟梁《とうりょう》の自分《じぶん》のゆるしをもらってから、官位《かんい》をうけなくてはならないと考《かんが》えていた頼朝《よりとも》は、義経《よしつね》の行動《こうどう》に、はげしく怒《おこ》ります。

さらには、義経《よしつね》をねたむ梶原景時《かじわらかげとき》らの讒言《ざんげん》（ウソの告《つ》げ口《ぐち》）を信《しん》じて、頼朝《よりとも》は義経《よしつね》を、「鎌倉《かまくら》への出入《でい》り禁止《きんし》」にしてしまいます。

義経《よしつね》は、「けっして兄上《あにうえ》にそむくつもりはありません」と、兄《あに》の誤解《ごかい》をなんとかとこうとします。けれど、それが無理《むり》だとわかると、後白河法皇《ごしらかわほうおう》に、「頼朝追討《よりともついとう》」の宣旨《せんじ》（天皇《てんのう》や法皇《ほうおう》からの命令《めいれい》）を出《だ》させて、挙兵《きょへい》してしまいます。

しかし、「頼朝追討《よりともついとう》」の旗《はた》あげは失敗《しっぱい》し、義経《よしつね》は、奥州藤原氏《おうしゅうふじわらし》のもとにのがれます。少年《しょうねん》の日々《ひび》をくらした奥州平泉《おうしゅうひらいずみ》の藤原秀衡《ふじわらのひでひら》のもとで、義経《よしつね》は、兄《あに》と戦《たたか》える力《ちから》をたくわえようとします。

けれど、文治《ぶんじ》三年《ねん》（一一八七）に秀衡《ひでひら》が亡《な》くなると、あとをついだ泰衡《やすひら》は、頼朝《よりとも》のおどしにくっして、文治《ぶんじ》五年《ねん》（一一八九）、閏《うるう》四月《がつ》三十日《にち》、奥州藤原氏《おうしゅうふじわらし》の館《やかた》である衣川館《ころもがわのたち》にいた義経《よしつね》を攻《せ》めます。義経《よしつね》は、この「衣川《ころもがわ》の戦《たたか》い」でやぶれ、自決《じけつ》します。

このとき義経《よしつね》は三十一歳《さい》でした。

これが史実《しじつ》とされていますが、義経《よしつね》の首《くび》が、鎌倉《かまくら》の頼朝《よりとも》のもとへとどくまでに四十三日《にち》もかかったため、その首《くび》は腐敗《ふはい》しきっていて、ほんとうに義経《よしつね》かどうか、わからなかったといわれています。

その首《くび》は、義経《よしつね》ではなく、もしかしたら影武者《かげむしゃ》の杉目太郎行信《すぎのめたろうゆきのぶ》ではなかったか。そううたがわれるところから、「義経生存説《よしつねせいぞんせつ》」がささやかれるようになったのです。

平泉《ひらいずみ》から脱出《だっしゅつ》した義経《よしつね》は、北《きた》へ北《きた》へとのがれ、蝦夷《えぞ》（北海道《ほっかいどう》）の地《ち》をとおり、樺太《からふと》へいき、中国大陸《ちゅうごくたいりく》をわたり、モンゴルで、あの偉《い》大《だい》な英雄《えいゆう》「チンギス・ハン」となって、大活《だいかつ》躍《やく》したというのが、この「義経《よしつね》＝《イコール》チンギス・ハン」伝説《でんせつ》です。

この伝説《でんせつ》の根拠《こんきょ》とされるものを考《かんが》えてみましょう。

まず、一《ひと》つめは、義経《よしつね》とチンギス・ハンは、同時代《どうじだい》に生《い》きた人物《じんぶつ》ですが、活躍《かつやく》した時期《じき》がまったくかぶっていないという点《てん》です。義経《よしつね》が生《う》まれたのは一一五九年《ねん》です。チンギス・ハンがモンゴル帝国皇帝《ていこくこうてい》に即位《そくい》したのは一二〇六年。

もしも義経《よしつね》が平泉《ひらいずみ》を脱出《だっしゅつ》したとすれば、死《し》

んだとされる一一八九年《ねん》から十七、八年後《ねんご》に皇帝《こうてい》に即位《そくい》したことになり、モンゴルに入《はい》って、力《ちから》を発揮《はっき》するには、ちょうどよいころではないかというのです。

二《ふた》つめは、チンギス・ハンはモンゴル人《じん》ではなく、外国人《がいこくじん》だったという伝承《でんしょう》（言《い》い伝《つた》え）がモンゴルにあるという点《てん》です。

根拠《こんきょ》は、まだあります。

三《みっ》つめは、チンギス・ハンの旗印《はたじるし》は、清和源氏《せいわげんじ》の家紋《かもん》である笹竜胆《ささりんどう》に、よくにているという点《てん》です。

四《よっ》つめは、チンギス・ハンの軍《ぐん》が使《つか》ったとされる白旗《しろはた》が、源氏《げんじ》の白旗《しろはた》と同《おな》じではないかという点《てん》。

五《いつ》つめは、モンゴルの兜《かぶと》は、ふつうは革製《かわせい》ですが、チンギス・ハンの兜《かぶと》は、義経《よしつね》の兜《かぶと》のような鉄製《てつせい》だったという点《てん》です。

六《むっ》つめは、モンゴルでは小型《こがた》の弓《ゆみ》を使《つか》うのがふつうですが、チンギス・ハンは義経《よしつね》が好《この》んだ大《おお》きな弓《ゆみ》を使《つか》ったとされる点《てん》です。

さらに、七つめは、チンギス・ハンの即位《そくい》では九棹《さお》の白旗《しろはた》がかかげられましたが、この

「九」という数字《すうじ》は、「九郎義経《くろうよしつね》」につうじるとされる点《てん》です。

八《やっ》つめは、義経《よしつね》は騎馬兵《きばへい》の奇襲《きしゅう》をとくいとしましたが、これはチンギス・ハンの戦《たたか》い方《かた》そのものだという点《てん》です。

九《ここの》つめは、チンギス・ハンの祖先《そせん》は「キャト」氏《し》とされますが、これは日本《にほん》の「京都《きょうと》」からきたのではないかとされる点《てん》です……。

「それって、あまりにも、こじつけじゃないのかな」

と、いいたくなるような、かなりうたがわしい根拠《こんきょ》の数々《かずかず》ですが、これらはなんとしても、「義経生存説《よしつねせいぞんせつ》」を証明《しょうめい》したいという熱意《ねつい》のあらわれと考《かんが》えれば、わからなくもありません。

義経《よしつね》は、このほかにも謎《なぞ》が多《おお》い人物《じんぶつ》です。

たとえば、室町時代《むろまちじだい》に成立《せいりつ》したといわれる軍記物語《ぐんきものがたり》『義経記《ぎけいき》』には、義経《よしつね》は「眉目《びもく》、容《よう》顔《がん》たらいたり（容姿《ようし》も顔立《かおだ》ちももうしぶんない）」と書《か》かれていて、ひじょうに色《いろ》が白《しろ》い美女《びじょ》のようであったとしるされています。

まさに、暴《あば》れん坊《ぼう》の弁慶《べんけい》が「これこそ、わがあるじだ」とほれこんだ、美男《びなん》の牛若丸《うしわかまる》そのものだったというのです。

ところが、鎌倉時代《かまくらじだい》につくられた軍記物語《ぐんきものがたり》『平家物語《へいけものがたり》』には、「色白《いろしろ》うせいちいさきが、むか歯《ば》のことにさしいでてしるかんなるぞ（色白《いろじろ》の男《おとこ》で背《せ》が小《ちい》さく、前歯《まえば》が出《で》っぱっているのが目立《めだ》つ）」としるされています。つまり、「チビで、出《で》っ歯《ぱ》」と、しょうしょう、けなしているかんじなのです。


なぜ、容姿《ようし》ひとつだけでも、これほどまでにちがう説《せつ》があるのでしょうか？　この謎《なぞ》を解明《かいめい》するカギとなるかもしれない、べつの伝説《でんせつ》（？）があります。

それは、「じつは、義経《よしつね》はふたりいた！」というものです。

鎌倉時代《かまくらじだい》につくられた歴史書《れきししょ》『吾妻鏡《あづまかがみ》』には、山本義経《やまもとよしつね》という、「もうひとりの義経《よしつね》」がいたとしるされているのです。

山本義経《やまもとよしつね》は、近江《おうみ》でそだち、奇襲戦法《きしゅうせんぽう》や水上戦争《すいじょうせんそう》にたけていたといわれています。

そして、「義経《よしつね》ふたり説《せつ》」をとなえる者《もの》は、「一《いち》の谷《たに》の奇襲《きしゅう》」や「壇《だん》ノ《の》浦《うら》の戦《たたか》い」などは、源義経《みなもとのよしつね》ではなく、山本義経《やまもとよしつね》がおこなって、平家《へいけ》に勝利《しょうり》したのだと、おどろくべき説《せつ》（？）を主張《しゅちょう》しています。

けれど、山本義経《やまもとよしつね》のほうが二十歳《さい》ほど源義経《みなもとのよしつね》より年上《としうえ》だったそうですし、「ふたり義経《よしつね》」というのはやはり、強引《ごういん》すぎる説《せつ》だと思《おも》うのですが、さて、ほんとうのところは、どうなのでしょうか。

（ただ、山本義経《やまもとよしつね》も源氏《げんじ》の系譜《けいふ》に生《う》まれているので、本名《ほんみょう》は「源義経《みなもとのよしつね》」で、それがいろいろと混同《こんどう》されるもとにもなったのかもしれません。）

ともあれ、義経《よしつね》は謎多《なぞおお》き人物《じんぶつ》なのです。

「義経《よしつね》＝《イコール》チンギス・ハン」や「ふたりの義経《よしつね》」は、わたしたちの心《こころ》をおどらせるロマンのひとつとして、「そんなの、ちがうよ！」と、あまり目《め》くじらを立《た》てず、「まあ、あるいは、そうかもしれないね」と、おおらかに楽《たの》しむのがよい伝説《でんせつ》（？）のように思《おも》われます。

みなさんは、どう思《おも》いますか。

信長《のぶなが》は本能寺《ほんのうじ》で死《し》ななかった？

みなさんは、本能寺《ほんのうじ》で死《し》んだとされる織田信長《おだのぶなが》の遺体《いたい》がみつかっていない、ということを、ごぞんじでしょうか。

イエズス会《かい》の宣教師《せんきょうし》、ルイス・フロイスが書《か》いた『日本史《にほんし》』のなかの「安土城《あづちじょう》と本能寺《ほんのうじ》の変《へん》」によると、こうしるされています。

「そのとき信長《のぶなが》をみつけたので、背中《せなか》に矢《や》をはなった。信長《のぶなが》は矢《や》をひきぬき、長槍《ながやり》を手《て》にして、しばらく戦《たたか》った。腕《うで》に銃弾《じゅうだん》をうけると、信長《のぶなが》は部屋《へや》に入《はい》り、切腹《せっぷく》したと伝《つた》えられる。またある者《もの》は、みずから放火《ほうか》し、焼死《しょうし》したとも伝《つた》えられる。すさまじい炎《ほのお》のため、信《のぶ》長《なが》がどのように死《し》んだかはわからない。わかっているのは、万人《ばんにん》を恐《おそ》れさせた信長《のぶなが》が、髪《かみ》も骨《ほね》もすべて灰《はい》になったということである」

つまり、フロイスの記述《きじゅつ》によれば、明智光秀《あけちみつひで》のむほんにより、本能寺《ほんのうじ》で死《し》んだとされる信長《のぶなが》の体《からだ》は、なにひとつ発見《はっけん》されていなかった、というのです。

じじつ、光秀《みつひで》も、その娘婿《むすめむこ》の明智秀満《あけちひでみつ》も、部下《ぶか》たちも、必死《ひっし》で、信長《のぶなが》の遺体《いたい》をさがしまわりました。

「信長《のぶなが》は、どこだ」

「首《くび》をさがせ」

「どこだ、死体《したい》はどこにあるのだ」

しかし、結局《けっきょく》、みつからなかったといわれています。

ここから、「いや、信長《のぶなが》は本能寺《ほんのうじ》で死《し》んでいなかった」という、「じつは、死《し》んでなかった（？）」伝説《でんせつ》がいわれるようになったのです。

信長《のぶなが》の家臣《かしん》だった太田牛一《おおたぎゅういち》による『信長公記《しんちょうこうき》』には、こうあります。

「このとき信長公《のぶながこう》は切腹《せっぷく》され、鎌田新介《かまたしんすけ》がその首《くび》を打《う》ちもうした。信長公《のぶながこう》がいわれたとおりに、死体《したい》をおかくしした。すべては無常《むじょう》の煙《けむり》となってしまったのは、あわれともなんともいえないものであった……。」

ようするに、信長《のぶなが》の死骸《しがい》を、「これがそうだ！」と、だれも確認《かくにん》していないと、いわれているのです。そうしたことから、べつの説《せつ》も生《う》まれました。

「もしかしたら、ひそかに脱出《だっしゅつ》し、べつの場所《ばしょ》で、自害《じがい》したのではないか」

「信長《のぶなが》をしたう僧侶《そうりょ》たちにより、人《ひと》しれず、埋葬《まいそう》されたのではないか」

などという説《せつ》（？）も生《う》まれているのです。

ところで信長《のぶなが》には、最後《さいご》までつきそっていた黒人《こくじん》の家来《けらい》である弥助《やすけ》がいました。弥助《やすけ》なら、もしかしたら、信長《のぶなが》の死《し》の真相《しんそう》を知《し》っていたかもしれませんが、弥助《やすけ》がそれをかたったという話《はなし》は聞《き》かれません。

本能寺《ほんのうじ》の変《へん》のあと、弥助《やすけ》は、明智光秀《あけちみつひで》にとらえられます。

そのあと、光秀《みつひで》とのあいだに、どういうやりとりがあったかはわかりませんが、弥助《やすけ》は殺《ころ》されることなく、ぶじに放免《ほうめん》されています。

それから弥助《やすけ》がどうなったのかは、不明《ふめい》なのです。


のちになって、秀吉《ひでよし》が、本能寺《ほんのうじ》の焼《や》けあとで、信長《のぶなが》の死体《したい》をあらためてさがしましたが、やはりみつからなかったそうです。

「やはり、みつからぬか」

秀吉《ひでよし》にしてみれば、怖《こわ》い主君《しゅくん》の信長《のぶなが》が、ほんとうに死《し》んでしまったのか、なんとしてもたしかめたかったのかもしれません。


というわけで、「死体《したい》がみつからない、だから、死《し》んでいない」という風《ふう》に、「ない」から「ない」と、強引《ごういん》に結《むす》びつけたくなる〝信長《のぶなが》は死《し》んでない派《は》〟の人《ひと》たちの気持《きも》ちはわかります。

けれど、ほんとうのところ、どうだったのでしょうか。

戦国武将《せんごくぶしょう》のなかで、もっとも人気《にんき》があるとされる、織田信長《おだのぶなが》。

信長《のぶなが》は、そんなにかんたんに死《し》んでほしくない。そう考《かんが》える人《ひと》たちが、「信長《のぶなが》は、本能《ほんのう》寺《じ》で死《し》んでいなかった」と、となえはじめたのかもしれませんが、この伝説《でんせつ》（？）、みなさんはどう思《おも》いますか？

幸村《ゆきむら》は秀頼《ひでより》をつれて、薩摩《さつま》に逃《に》げた？

「大坂城《おおさかじょう》の豊臣家《とよとみけ》を生《い》かしておいては、徳川《とくがわ》のためにならぬ」

そう決意《けつい》した徳川家康《とくがわいえやす》により、大坂冬《おおさかふゆ》の陣《じん》、そして夏《なつ》の陣《じん》と、天下《てんか》の名城《めいじょう》、大坂城《おおさかじょう》を舞台《ぶたい》にして、「豊臣《とよとみ》」対《たい》「徳川《とくがわ》」の大決戦《だいけっせん》がくりひろげられました。

この二度《ど》のいくさにより、秀吉《ひでよし》がきずきあげた難攻不落《なんこうふらく》とうたわれた大坂城《おおさかじょう》は、炎上《えんじょう》し、落城《らくじょう》していきます。

このとき、大坂城《おおさかじょう》のあるじであった豊臣秀頼《とよとみひでより》と、その母《はは》の淀君《よどぎみ》は自害《じがい》し、豊臣方《とよとみがた》の武将《ぶしょう》たちの多《おお》くは命《いのち》を落《お》としました。

豊臣《とよとみ》に味方《みかた》した武将《ぶしょう》のうち、もっとも活躍《かつやく》したのは、「日本一《ひのもといち》の兵《つわもの》」と、武勇《ぶゆう》がたたえられた真田幸村《さなだゆきむら》（信繁《のぶしげ》）でした。

幸村《ゆきむら》は、「真田丸《さなだまる》」とよばれた、攻守《こうしゅ》に富《と》んだ柵《さく》を大坂城《おおさかじょう》の南側《みなみがわ》にきずき、たくみな戦《せん》術《じゅつ》で、攻《せ》めよせる徳川軍《とくがわぐん》を撃退《げきたい》しました。

「幸村《ゆきむら》め、てごわいやつだ」

家康《いえやす》に、そうため息《いき》をつかせた幸村《ゆきむら》は、夏《なつ》の陣《じん》の最後《さいご》で、家康《いえやす》めがけて突進《とっしん》し、あと一歩《いっぽ》のところまで、家康《いえやす》を追《お》いつめましたが、とりにがしてしまいました。

そして、慶長《けいちょう》二十年《ねん》（一六一五）の五月七日《がつなのか》、「天王寺《てんのうじ》・岡山《おかやま》の戦《たたか》い」で、奮闘《ふんとう》のすえに、力《ちから》つき、天王寺区《てんのうじく》にいまもある安居神社《やすいじんじゃ》で討《う》ちとられたと、されています。

けれど、これにはべつの説《せつ》があります。

それによると、家康《いえやす》の首《くび》をとることに失敗《しっぱい》した幸村《ゆきむら》は、大坂城《おおさかじょう》へいったんしりぞいてから、城内《じょうない》で戦死《せんし》したというのです。

いずれにせよ、夏《なつ》の陣《じん》で、幸村《ゆきむら》は死《し》んだとされているのですが、さらに、おどろくべき説《せつ》があるのです。

「いや、いや、幸村《ゆきむら》は死《し》んでいないぞ」という説《せつ》です。

なぜなら、幸村《ゆきむら》のものとされる遺体《いたい》が、戦場《せんじょう》にも、大坂城《おおさかじょう》にも、はっきりと確認《かくにん》されていないから、というのです。

この「幸村生存説《ゆきむらせいぞんせつ》」がささやかれるようになったのは、幕末近《ばくまつちか》くに成立《せいりつ》した実録体小説《じつろくたいしょうせつ》をもとにできた講談《こうだん》、『真田三代記《さなだだいき》』によるところが、大《おお》きいと考《かんが》えられます。

この『真田三代記《さなだだいき》』によれば、幸村《ゆきむら》は、息子《むすこ》の大助《だいすけ》、武将《ぶしょう》の後藤又兵衛《ごとうまたべえ》らとともに、豊臣秀頼《とよとみひでより》をまもって、大坂城《おおさかじょう》をぬけだしたというのです。

これを裏《うら》づけるように、天王寺区《てんのうじく》の三光神社《さんこうじんじゃ》には、大坂城《おおさかじょう》の天守閣《てんしゅかく》につうじるとされる、「真田《さなだ》のぬけ穴跡《あなあと》」があります。

大坂城《おおさかじょう》を脱出《だっしゅつ》した幸村《ゆきむら》は、ひそかに秀頼《ひでより》をつれて、海路《かいろ》を使《つか》って、はるか西《にし》の方角《ほうがく》の薩摩《さつま》（鹿児島《かごしま》）へと落《お》ちのびていったというのです。

その証拠《しょうこ》に、大坂《おおさか》の陣《じん》が終《お》わったあと、上方《かみがた》（関西《かんさい》）では、こんな童歌《わらべうた》がはやったというのです。

――花《はな》のようなる秀頼《ひでより》さまを、鬼《おに》のようなる真田《さなだ》がつれて、

退《の》きも退《の》きたよ　加護島《かごしま》（鹿児島《かごしま》）へ。

また、当時《とうじ》の日本《にほん》を知《し》るうえで、たしかな資料《しりょう》とされる、イギリス商館長《しょうかんちょう》リチャード・コックスの日記《にっき》にも、

「秀頼《ひでより》の遺骸《いがい》が発見《はっけん》できず、ひそかに脱出《だっしゅつ》したと信《しん》じる者《もの》もすくなくない」

「秀頼《ひでより》は薩摩《さつま》、あるいは琉球《りゅうきゅう》へのがれたとの報《ほう》あり」

と、しるされています。

では、薩摩《さつま》に逃《に》げのびたとされる幸村《ゆきむら》と秀頼《ひでより》は、どうなったのでしょうか。

「真田三代記《さなださんだいき》」によれば、幸村《ゆきむら》は、はげしい戦《たたか》いの疲《つか》れから、一年後《ねんご》の十月《がつ》十一日《にち》に亡《な》くなり、秀頼《ひでより》も、そのあとを追《お》うように、死《し》んでいったとされているのです。

たしかに、いまの鹿児島《かごしま》には、幸村《ゆきむら》のなきがらが眠《ねむ》るとされている墓石《ぼせき》が、南九州市《みなみきゅうしゅうし》の牧之内《まきのうち》、雪丸地区《ゆきまるちく》にのこされています。さらに、鹿児島市《かごしまし》の谷山地区《たにやまちく》には、秀頼《ひでより》の墓《はか》とさ

れている宝塔《ほうとう》があります。

ただし、それらが、ほんとうに幸村《ゆきむら》や秀頼《ひでより》の眠《ねむ》る墓《はか》であるかどうかは、さだかではありません。

「英雄《えいゆう》、真田幸村《さなだゆきむら》は、燃《も》えさかる大坂城《おおさかじょう》から、秀頼《ひでより》をつれて、薩摩《さつま》へ落《お》ちのびた」

なんとも、胸《むね》のすくような伝説《でんせつ》（？）ですが、それがほんとうのことかどうか、いまとなっては、確認《かくにん》のしようがありません。

みなさんは、どう思《おも》いますか？

コラム

明智光秀《あけちみつひで》は死《し》なずに、お坊《ぼう》さんになっていた？

信長《のぶなが》だけでなく、討《う》った側《がわ》の明智光秀《あけちみつひで》にも「生存説《せいぞんせつ》」があります。

明智光秀《あけちみつひで》は、「本能寺《ほんのうじ》の変《へん》」で、織田信長《おだのぶなが》を討《う》ったあと、「山崎《やまざき》の戦《たたか》い」で、羽柴秀吉《はしばひでよし》にやぶれ、逃《に》げるとちゅうで、農民《のうみん》の竹槍《たけやり》で殺《ころ》されたと、伝《つた》えられています。

しかし、江戸期《えどき》の随筆《ずいひつ》『翁草《おきなぐさ》』には、死《し》んだのは影武者《かげむしゃ》で、光秀《みつひで》は七十五歳《さい》まで生《い》きたという説《せつ》が書《か》かれています。

さらに、もうひとつ、光秀《みつひで》は生《い》きのびて、家康《いえやす》・秀忠《ひでただ》・家光《いえみつ》の三代《だい》にわたって、徳川家《とくがわけ》をささえた天海僧正《てんかいそうじょう》になったという、おどろくべき説《せつ》もあります。

根拠《こんきょ》とされるのが、光秀《みつひで》の木像《もくぞう》と位牌《いはい》は、京都《きょうと》の「慈眼寺《じげんじ》」の釈迦堂《しゃかどう》に安置《あんち》されていますが、天海《てんかい》が亡《な》くなったときの諡号《しごう》（死後《しご》に贈《おく》られる名《な》）が「慈《じ》眼《げん》」だというのです。

また、光秀《みつひで》の家老《かろう》だった斎藤利三《さいとうとしみつ》の母《はは》は光秀《みつひで》の妹《いもうと》で、利三《としみつ》のむすめ、すなわち光秀《みつひで》の姪《めい》にあたる春日局《かすがのつぼね》は徳川家光《とくがわいえみつ》の乳母《うば》として、幕府内《ばくふない》で力《ちから》をふるいました。こうした血《ち》のつながりから、光秀《みつひで》＝天海《てんかい》は生《い》きのびて、徳川《とくがわ》三代《だい》につかえたというのです。

こうした説《せつ》（？）があるのは、光秀《みつひで》の前半生《ぜんはんせい》が謎《なぞ》につつまれているからかもしれません。光秀《みつひで》は永禄《えいろく》十一年《ねん》（一五六八）、前将軍《ぜんしょうぐん》の弟《おとうと》だった足利義昭《あしかがよしあき》を信《のぶ》長《なが》にひきあわせ、その功績《こうせき》で信長《のぶなが》の家臣《かしん》となって活躍《かつやく》するようになりますが、その前《まえ》まで、どこでなにをしていたか、はっきりわかっていないのです。

そのあたりから、光秀《みつひで》は山崎《やまざき》の地《ち》で秀吉《ひでよし》にやぶれたあとも、しぶとく生《い》きのびて、家康《いえやす》・秀忠《ひでただ》・家光《いえみつ》の知恵袋《ちえぶくろ》ともいうべき天海僧正《てんかいそうじょう》になったという説《せつ》が生《う》まれたのかもしれません。

でも、真実《しんじつ》は、どうなのでしょう。みなさんはどう思《おも》いますか。

第《だい》二章《しょう》

この人《じん》物《ぶつ》の正《しょう》体《たい》って、じつは!?伝《でん》説《せつ》

上杉謙信《うえすぎけんしん》は、女《おんな》だった？

内乱《ないらん》のつづいていた越後《えちご》（新潟県《にいがたけん》）を統一《とういつ》し、隣国《りんごく》の強敵《きょうてき》である「甲斐《かい》（山梨県《やまなしけん》）の虎《とら》」武田信玄《たけだしんげん》と、川中島《かわなかじま》で五度《ど》も戦《たたか》って負《ま》けなかった、「越後《えちご》の龍《りゅう》」、上杉謙信《うえすぎけんしん》。

この上杉謙信《うえすぎけんしん》は、じつは、男性《だんせい》ではなく、女性《じょせい》ではなかったか。

そんな説《せつ》（？）があります。

「えっ、そんな馬鹿《ばか》な！」

手取川《てどりがわ》（石川県《いしかわけん》）の戦《たたか》いでは、あの織田軍《おだぐん》でさえ、一方的《いっぽうてき》にけちらしたほど、上杉謙信《うえすぎけんしん》はとにかく、めっぽういくさに強《つよ》い武将《ぶしょう》でした。

その謙信《けんしん》が、女性《じょせい》だった？

にわかに信《しん》じられない話《はなし》ですが、その説《せつ》をのべる人《ひと》は、根拠《こんきょ》として、これらをあげてい

ます。

——謙信《けんしん》には、子《こ》がいなかった。さらには、妻《つま》を、いちどもめとっていない。

たしかに、謙信《けんしん》は、「自分《じぶん》は、毘沙門天《びしゃもんてん》の生《う》まれかわりである」と信《しん》じていました。そして、仏門《ぶつもん》の守護神《しゅごしん》である毘沙門天《びしゃもんてん》となるために、「一生《いっしょう》、女性《じょせい》を近《ちか》づけない」という誓《ちか》いをたてたと、されています。

さらに、上杉神社《うえすぎじんじゃ》にのこされている、数点《すうてん》の謙信《けんしん》の着物《きもの》は、目《め》にもあざやかな赤色《あかいろ》が中《ちゅう》心《しん》で、男性《だんせい》が着《き》るものとは思《おも》えないほどです。

そのほかにも、謙信《けんしん》が愛読《あいどく》していたのは、紫式部《むらさきしきぶ》の書《か》いた『源氏物語《げんじものがたり》』だったとか、織《お》田信長《だのぶなが》が、その当時《とうじ》は女性《じょせい》にたいして贈《おく》るのがならわしであった「源氏物語屏風《げんじものがたりびょうぶ》」を、謙《けん》信《しん》に贈《おく》っていたとか、わずらった病気《びょうき》が女性特有《じょせいとくゆう》のものらしいとか、いかにも、謙信《けんしん》が女《じょ》性《せい》だったと思《おも》わせる話《はなし》ものこっています。

越後《えちご》に伝《つた》わる、上杉謙信《うえすぎけんしん》が出陣《しゅつじん》する様子《ようす》を歌《うた》ったといわれる歌《うた》では、寅年寅月寅日《とらどしとらのつきとらのひ》に生《う》まれて「政虎《まさとら》」とも名《な》のった謙信《けんしん》のことを、男《おとこ》もおよばないほどの力《ちから》の強《つよ》い「女性《じょせい》」と表《ひょう》現《げん》しています。

――寅年《とらどし》寅月《とらづき》寅日《とらのひ》に、生《う》まれたまいし、まんとら（まさとら？）様《さま》は、城山《しろやま》さまのおんために、赤槍《あかやり》立《た》ててご出陣《しゅつじん》。男《おとこ》もおよばぬ大力無双《だいりきむそう》。

また上杉謙信《うえすぎけんしん》の肖像画《しょうぞうが》のなかには、ひげもなく、やさしい顔《かお》の女性《じょせい》のような面《おも》ざしをしているものもあります。

こうした理由《りゆう》から、「上杉謙信《うえすぎけんしん》・女性《じょせい》」説《せつ》が、となえられているのです。

しかし、いろいろあっても、戦国時代《せんごくじだい》において、最強《さいきょう》の闘将《とうしょう》といわれた上杉謙信《うえすぎけんしん》が、じつは男性《だんせい》ではなく、女性《じょせい》ではなかったかという説《せつ》は、たしかに興味《きょうみ》ぶかい説《せつ》ではありますが……、やはり、かなり無理《むり》があるようにかんじられますけどね。

松尾《まつお》芭蕉《ばしょう》は、隠密《おんみつ》（忍者《にんじゃ》）だった？

——古池《ふるいけ》や　蛙《かわず》飛《と》びこむ　水《みず》の音《おと》

こうした名句《めいく》をかぞえきれないほどのこし、「俳聖《はいせい》」とたたえられる松尾芭蕉《まつおばしょう》は、寛永《かんえい》二十一年《ねん》（一六四四）に、伊賀上野《いがうえの》（いまの三重県伊賀市《みえけんいがし》）に生《う》まれました。

父《ちち》は、平氏《へいし》の末流《まつりゅう》を名《な》のる土豪《どごう》（その土地《とち》の豪族《ごうぞく》）の出《で》で、半分《はんぶん》は武士《ぶし》、半分《はんぶん》は農民《のうみん》といった身分《みぶん》の松尾与左衛門《まつおよざえもん》。母《はは》は、百地氏《ももちし》出身《しゅっしん》といわれる梅《うめ》で、芭蕉《ばしょう》は松尾家《まつおけ》の次男《じなん》でした。

青年時代《せいねんじだい》の芭蕉《ばしょう》は、藤堂家《とうどうけ》（伊勢《いせ》・伊賀《いが》などを領《りょう》した大名《だいみょう》）につかえていましたが、若《わか》いころから俳句《はいく》にしたしみ、二十九歳《さい》のときに、江戸《えど》に出《で》ていきました。

四年《ねん》ほど、神田上水工事《かんだじょうすいこうじ》などの現場監督《げんばかんとく》をしたあと、俳諧師《はいかいし》として自立《じりつ》し、のちに『野《の》ざらし紀行《きこう》』や『笈《おい》の小文《こぶみ》』などの作品《さくひん》にまとめられた旅《たび》に出《で》て、俳句《はいく》を詠《よ》みつづけました。

　多《おお》くの弟子《でし》をそだて、すぐれた紀行文《きこうぶん》をのこした芭蕉《ばしょう》は、じつは、その正体《しょうたい》は、幕府《ばくふ》に命《めい》じられて、各藩《かくはん》をさぐった「隠密《おんみつ》（忍者《にんじゃ》）」ではなかったかという、有名《ゆうめい》な説《せつ》がありま す。それは、はたして事実《じじつ》なのでしょうか。

　元禄《げんろく》二年《ねん》（一六八九）の春《はる》、三月《がつ》二十七日《にち》、芭蕉《ばしょう》は、弟子《でし》の曾良《そら》をつれて、『おくの細道《ほそみち》』の旅《たび》に出《で》ました。

　下野《しもつけ》、陸奥《むつ》、出羽《でわ》、越後《えちご》、加賀《かが》、越前《えちぜん》など、現在《げんざい》の北関東《きたかんとう》から東北《とうほく》、新潟県《にいがたけん》や石川県《いしかわけん》など、日本海側《にほんかいがわ》という、芭蕉《ばしょう》にとっては、知《し》らない国《くに》への旅《たび》でした。

「尊敬《そんけい》してやまない西行師《さいぎょうし》（平安時代《へいあんじだい》の歌人《かじん》）がお亡《な》くなりになって、はや五百年《ねん》。いよいよ、西行師《さいぎょうし》のたどられた道《みち》――『おくの細道《ほそみち》』を、わたしもたどるのだ」

　旅《たび》に出《で》るにあたって、芭蕉《ばしょう》は、曾良《そら》にそういいました。

　しかし、この『おくの細道《ほそみち》』の旅《たび》には、首《くび》をかしげたくなることがあります。

　まずは、その足《あし》の異常《いじょう》なはやさです。

旅《たび》の日数《にっすう》は、百五十日《にち》で、道《みち》のりは、六百里《り》（約《やく》二千《せん》四百キロ）でした。

つまり、平均《へいきん》すると、一日《にち》に、四里《り》（約《やく》十六キロ）歩《ある》いたことになっているのです。さらに、紀行文《きこうぶん》によると、一日《にち》十里《り》（約《やく》四十キロ）も歩《ある》いたときもあったと、しるされています。

ここが、まず、おかしいと、「隠密説《おんみつせつ》」の疑問《ぎもん》がしょうじたのです。

そもそも、この旅《たび》は、西行《さいぎょう》のたどった道《みち》をたどるという、風流《ふうりゅう》な旅《たび》のはずでした。道々《みちみち》、しみじみと俳句《はいく》を詠《よ》みながら、ゆったりと旅《たび》をしていくはずでした。

それなのに、どうして、芭蕉《ばしょう》はそんなに、せかせかと、いそいで歩《ある》いたのかと、たしかに、そぼくな疑問《ぎもん》が生《う》まれます。

『おくの細道《ほそみち》』に詠《よ》まれた句《く》は、数多《かずおお》くの名句《めいく》をのこした芭蕉《ばしょう》にとって、みのりゆたかな、すばらしい句《く》ばかりといってもいいほどでした。その一例《れい》を、ここに紹介《しょうかい》しておきます。

——夏草《なつくさ》や　兵《つわもの》どもが　夢《ゆめ》の跡《あと》

この句《く》は、いまの岩手県平泉町《いわてけんひらいずみちょう》で詠《よ》まれました。

——閑《しずけ》さや　岩《いわ》にしみいる　蟬《せみ》の声《こえ》
この句《く》は、いまの山形県立石寺《やまがたけんりっしゃくじ》で詠《よ》まれました。
——五月雨《さみだれ》をあつめて早《はや》し　最上川《もがみがわ》
この句《く》は、いまの山形県《やまがたけん》の大石田町《おおいしだちょう》で詠《よ》まれました。
——荒海《あらうみ》や　佐渡《さど》によこたふ（う）　天河《あまのがわ》
この句《く》は、いまの新潟県出雲崎町《にいがたけんいずもざきまち》で詠《よ》まれました。

このように、のちの世《よ》にのこる、たくさんの人《ひと》に愛《あい》された名句《めいく》が、『おくの細道《ほそみち》』で生《う》まれたのです。
これほどの名句《めいく》を詠《よ》みながらの旅《たび》が、どうして、そんなにいそいで歩《ある》いていく必要《ひつよう》があったのでしょうか？

それだけではなく、芭蕉《ばしょう》が書《か》いた『おくの細道《ほそみち》』と、弟子《でし》の曾良《そら》の随行日記《ずいこうにっき》をくらべてみると、とおった場所《ばしょ》や、日付《ひづけ》、旅行中《りょこうちゅう》の事件《じけん》などに、多《おお》くのくいちがいがあります。

もしかすると、『おくの細道《ほそみち》』には、事実《じじつ》とちがったことを、芭蕉《ばしょう》は書《か》いているのではないか。そういう人《ひと》もいるのです。

芭蕉《ばしょう》は、「隠密《おんみつ》」だった。という説《せつ》の根拠《こんきょ》のひとつは、芭蕉《ばしょう》の生《う》まれた地《ち》です。戦国時代《せんごくじだい》の伊賀国《いがのくに》（三重県西部《みえけんせいぶ》）は、忍者《にんじゃ》を多《おお》く生《う》んだ地《ち》でした。その代表《だいひょう》として、百《もも》地《ち》三太夫《さんだゆう》という名《な》の伝説的《でんせつてき》な忍者《にんじゃ》がいました。

芭蕉《ばしょう》の母《はは》の姓《せい》は、この「百地《ももち》」につうじているのです。

また父方《ちちかた》の松尾家《まつおけ》も、戦国時代《せんごくじだい》には、忍者《にんじゃ》だったと考《かんが》えても、不自然《ふしぜん》ではありません。

そして、若《わか》き日《ひ》の芭蕉《ばしょう》がつかえた藤堂家《とうどうけ》は、徳川家康《とくがわいえやす》につかえた忍者《にんじゃ》、服部半蔵《はっとりはんぞう》の家《いえ》と血《ち》がつながっているのです。

さらに、芭蕉《ばしょう》が書《か》いたとされる『芭蕉翁廿五箇条《ばしょうおうにじゅうごかじょう》』には、こうした文章《ぶんしょう》があります。

——実《じつ》に居《い》て虚《きょ》を行《おこな》うべからず。虚《きょ》に居《い》て実《じつ》を行《おこな》うべし。
（まことのときに嘘《うそ》をいってはならない。嘘《うそ》のときにまことをいうべきだ）

つまり、虚《きょ》（うそ）と実《じつ》（まこと）をたくみに使《つか》いわけなさい。そうのべているこの文《ぶん》こそ、伊賀流忍術《いがりゅうにんじゅつ》そのものだ、と考《かんが》えられることもできるのです。

こうしたことから、芭蕉《ばしょう》は、徳川幕府《とくがわばくふ》の隠密《おんみつ》ではなかったかと、推測《すいそく》する説《せつ》が生《う》まれてきたのでしょう。

芭蕉《ばしょう》は、藤堂家《とうどうけ》につかえていたころ、土木工事《どぼくこうじ》を監督《かんとく》していたといわれています。

ここから、幕府《ばくふ》は、芭蕉《ばしょう》を隠密《おんみつ》として、旅《たび》をさせて、各藩《かくはん》が幕府《ばくふ》にかくれて、こっそりおこなっている治水工事《ちすいこうじ》などを偵察《ていさつ》させたのではないか。

そうした説《せつ》が生《う》まれたのです。

さらに、『おくの細道《ほそみち》』でたどった奥州《おうしゅう》には、「埋蔵金《まいぞうきん》」の伝説《でんせつ》がありました。

芭蕉《ばしょう》は、じつは、東北地方《とうほくちほう》のかくし金山《きんざん》や、秘密《ひみつ》の埋蔵金《まいぞうきん》を調査《ちょうさ》していたのではないかと、推測《すいそく》する説《せつ》もあるのです。

『おくの細道《ほそみち》』のあと、芭蕉《ばしょう》は、元禄三年《げんろくさんねん》（一六九〇）に、伊賀上野《いがうえの》にもどり、さらに、京都《きょうと》へ行《い》き、元禄四年《げんろくよねん》（一六九一）に、江戸《えど》へもどりました。

このころ、芭蕉《ばしょう》の健康《けんこう》はすぐれず、病《やま》いに苦《くる》しめられながらも、紀行文《きこうぶん》『おくの細道《ほそみち》』を完成《かんせい》させました。

そのあと、元禄七年《げんろくねん》（一六九四）、大坂《おおさか》の門人《もんじん》（弟子《でし》にあたる人《ひと》）の家《いえ》で、芭蕉《ばしょう》は息《いき》をひきとりました。

最期《さいご》の句《く》は、こうです。

——旅《たび》に病《や》んで　夢《ゆめ》は　枯野《かれの》をかけめぐる

この句《く》を詠《よ》むにあたって、芭蕉《ばしょう》は、病《やま》いの床《とこ》で、「なほ(お)かけめぐる　夢心《ゆめごころ》」にするべきか、「枯野《かれの》をかけめぐる　夢心《ゆめごころ》」にするべきか、まよいましたが、結局《けっきょく》、「夢《ゆめ》は　枯野《かれの》をかけめぐる」にきめたといわれています。

そのあと、芭蕉《ばしょう》は、十月《がつ》十二日《にち》に、この世《よ》を去《さ》っていったのです。

さて、このように死《し》ぬまで俳句《はいく》を詠《よ》みつづけた「俳聖《はいせい》」、松尾芭蕉《まつおばしょう》が、ほんとうに幕府《ばくふ》の隠密《おんみつ》だったのかどうか、真実《しんじつ》は、いまもわかりません。

みなさんは、どう思《おも》いますか？

浅野《あさの》はいい人《ひと》、吉良《きら》は悪《わる》い人《ひと》って、ほんと？

「この間《かん》のうらみ、晴《は》らさでおくべきか！」

ときは、元禄《げんろく》十四年《ねん》（一七〇一）。

浅野内匠頭《あさのたくみのかみ》は、そうさけんで、脇差《わきざ》しをふりかざし、江戸《えど》城松《じょうまつ》の廊下《ろうか》で、吉良上野介《きらこうずけのすけ》に斬《き》りかかります。

「浅野《あさの》どの、なにをなさる！」

浅野《あさの》の刃《やいば》に、ひたいを斬《き》られ、背中《せなか》を斬《き》られ、吉良《きら》は逃《に》げまどいます。

「殿中《でんちゅう》でござるぞ、浅野《あさの》どのっ！」

異変《いへん》を察《さつ》したまわりの者《もの》たちに、浅野《あさの》は、とりおさえられます。吉良《きら》のひたいと背中《せなか》の傷《きず》は、たいしたことはありませんでした。しかし、将軍《しょうぐん》の徳川綱吉《とくがわつなよし》は、この刃傷沙汰《にんじょうざた》を、かんかんになって怒《おこ》ります。

「おろか者《もの》めがっ！」

朝廷《ちょうてい》の使者《ししゃ》をまねいての、たいせつな江戸城内《えどじょうない》での儀式《ぎしき》を、思《おも》いがけない血《ち》でけがされたことで、綱吉《つなよし》は烈火《れっか》のごとく怒《おこ》り、浅野《あさの》には切腹《せっぷく》を命《めい》じ、浅野《あさの》五万石《まんごく》はとりつぶすことをきめるのです。

本来《ほんらい》、「武士道《ぶしどう》は、喧嘩両成敗《けんかりょうせいばい》」とされています。だから、浅野《あさの》も、吉良《きら》も、どちらもおとがめがあるはずでした。けれど、この場合《ばあい》は、吉良《きら》は刀《かたな》に手《て》をかけていないとして、おとがめが、まったくなかったのです。

「おかしいではないか」

「吉良《きら》にも、おとがめがあって、しかるべきだ」

とりつぶされた浅野家《あさのけ》の、家老《かろう》・大石内蔵助《おおいしくらのすけ》をはじめとする心《こころ》ある家臣《かしん》たちは、御政道《ごせいどう》処罰《しょばつ》のあやまちをただそうと、「吉良《きら》の首《くび》をとる」ことを決意《けつい》します。

そこから、『忠臣蔵《ちゅうしんぐら》──赤穂浪士物語《あこうろうしものがたり》』という、日本人《にほんじん》の大好《だいす》きな仇討《あだう》ちドラマがはじまるわけですが、ここで、ひとつ疑問《ぎもん》がしょうじます。

──浅野《あさの》はいいやつだったのに、切腹《せっぷく》。吉良《きら》は悪《わる》いやつだったのに、罰《ばつ》なし。

という、赤穂浪士《あこうろうし》の仇討《あだう》ちを正当化《せいとうか》するためにいわれてきた、「浅野《あさの》は善人《ぜんにん》、吉良《きら》は悪人《あくにん》」という話《はなし》は、ほんとうだったのでしょうか。

なぜ、浅野内匠頭《あさのたくみのかみ》は、吉良上野介《きらこうずけのすけ》に斬《き》りつけたのか？

それは、「吉良《きら》が、浅野《あさの》をいびったからだ」といわれています。

朝廷《ちょうてい》の使者《ししゃ》を接待《せったい》する役目《やくめ》を命《めい》じられた浅野《あさの》は、朝廷《ちょうてい》とのしきたりにくわしい高家《こうけ》（江《え》戸幕府《どばくふ》における儀式《ぎしき》や典礼《てんれい》をつかさどる役職《やくしょく》）の吉良《きら》に、いちいち教《おし》えをこわなければなりませんでした。

ところが、世間《せけん》を知《し》らない若《わか》い大名《だいみょう》である浅野《あさの》が、吉良《きら》へのお礼《れい》、つまりは「わいろ」をけちったことから、いじめがはじまったというのです。

「ふん、礼儀《れいぎ》を知《し》らぬ田舎者《いなかもの》が」

と、吉良《きら》は浅野《あさの》をきらい、接待《せったい》のやりかたなどを、ちゃんと教《おし》えず、恥《はじ》をかかせたりして、とことんいじめぬきました。

「こらえろ、こらえろ」

と、がまんにがまんをかさねてきた浅野《あさの》は、あまりの吉良《きら》のいじめに、ついにキレて、松《まつ》の廊下《ろうか》で、吉良《きら》に斬《き》りつけたのでした。

というのが、ふつうにかたられてきた、「松《まつ》の廊下刃傷事件《ろうかにんじょうじけん》」のあらましです。

ところが、どうも、そんなに単純《たんじゅん》な原因《げんいん》ではないようなのです。

というのも、じっさいのところ、浅野内匠頭《あさのたくみのかみ》は根《ね》っからの善人《ぜんにん》とはいいがたく、びりびりした、かんしゃくもちで、キレやすかったようなのです。

浅野家《あさのけ》は財政《ざいせい》が苦《くる》しく、そのため、領民《りょうみん》に重税《じゅうぜい》を課《か》していました。領民《りょうみん》はそれをうらんでいて、浅野《あさの》の切腹《せっぷく》が知《し》れわたると、

「いいぞ、いいぞ」

「万歳《ばんざい》っ！」

とばかりに、領民《りょうみん》は赤飯《せきはん》をたいて、よろこんだともいわれています。

さらに、浅野家《あさのけ》と吉良家《きらけ》とのあいだには、塩田《えんでん》をめぐる確執《かくしつ》がありました。

吉良家《きらけ》の生産《せいさん》する良質《りょうしつ》な塩《しお》の製法《せいほう》をうらやましく思《おも》った浅野家《あさのけ》は、「どうか、教《おし》えてい

ただきたい」と、吉良家《きらけ》にたのみます。

「いいですよ」

と、吉良家《きらけ》は秘伝《ひでん》の製法《せいほう》を、あっさり教《おし》えます。

ところが、親切《しんせつ》に教《おそ》わったにもかかわらず、浅野家《あさのけ》はよくばって、吉良家《きらけ》の管轄《かんかつ》する塩田《えんでん》まで手《て》をのばそうとしたのです。

「なにをされるのか」

と、吉良家《きらけ》は浅野家《あさのけ》をとがめます。

そのことで、浅野家《あさのけ》は吉良家《きらけ》をさかうらみしていた、という説《せつ》もあるのです。


では、もういっぽうの吉良上野介《きらこうずけのすけ》は、悪人《あくにん》だったのでしょうか？

いいえ、じつは、そうではなかったようなのです。

吉良荘《きらのしょう》をふくむ三千《ぜん》二百石《ひゃっこく》と、飛《と》び地《ち》（領土《りょうど》が地理的《ちりてき》にはなれている地《ち》）の千石《せんごく》を領地《りょうち》にもつ吉良家《きらけ》のあるじ、上野介《こうずけのすけ》は、地元《じもと》では、領民《りょうみん》のくらしを思《おも》いやる名君《めいくん》として、したわれていました。

川《かわ》が氾濫《はんらん》しないように堤《つつみ》をつくる治水事業《ちすいじぎょう》や、より多《おお》くの米《こめ》をつくるための新田《しんでん》の開発《かいはつ》、全国《ぜんこく》に販売《はんばい》するための良質《りょうしつ》な塩田《えんでん》の開発《かいはつ》などなどに、吉良上野介《きらこうずけのすけ》は力《ちから》をいれました。

領地《りょうち》をゆたかに富《と》ませようと、吉良《きら》は、領民《りょうみん》の目《め》にとまりやすい「赤《あか》い馬《うま》」にのって、領地《りょうち》をくまなく視察《しさつ》した、といわれているのです。

いろいろな史料《しりょう》をつきあわせてみると、ようするに、浅野内匠頭《あさのたくみのかみ》は、かんしゃくもちの、世間知《せけんし》らずの坊《ぼっ》ちゃんで、幕府《ばくふ》のたいせつな儀式《ぎしき》にたいする認識《にんしき》が、かなり甘《あま》かったといえるのではないかと考《かんが》えられます。

式《しき》の段《だん》どりがうまくいかないのを、指導役《しどうやく》の吉良《きら》のせいにして、「あいつがボクをいじめたからだ」とばかり、いっぽう的《てき》にうらみ、怒《いか》りを爆発《ばくはつ》させて、その結果《けっか》、浅野家《あさのけ》そのものをつぶしてしまった……のかもしれません。

ただ、そうした浅野内匠頭《あさのたくみのかみ》のおかげで、わたしたちは、大石内蔵助《おおいしくらのすけ》という、たぐいまれな戦術家《せんじゅつか》による、武士道《ぶしどう》の鑑《かがみ》ともいうべき、一大復讐物語《いちだいふくしゅうものがたり》、『忠臣蔵《ちゅうしんぐら》――赤穂浪士《あこうろうし》』の痛快《つうかい》なドラマをえることができたのです。

これには、ふかく感謝《かんしゃ》したいと思《おも》うのですが、みなさんはどう思《おも》いますか？

コラム

影武者《かげむしゃ》って、ほんとうにいたの？

その人《ひと》の正体《しょうたい》は……という話《はなし》でいうと、戦国時代《せんごくじだい》では、大名《だいみょう》たちが自分《じぶん》とよくにた者《もの》に、同《おな》じ甲冑《かっちゅう》と兜《かぶと》をつけさせて、影武者《かげむしゃ》とさせ、敵《てき》をあざむく作戦《さくせん》が、多《おお》くもちいられていました。

「もとの木阿弥《もくあみ》」という、いまもよく使《つか》われる言葉《ことば》で有名《ゆうめい》な木阿弥《もくあみ》は、大和国《やまとのくに》（奈良県《ならけん》）の大名《だいみょう》、筒井順昭《つついじゅんしょう》の影武者《かげむしゃ》でした。

順昭《じゅんしょう》が病死《びょうし》したとき、その子《こ》順慶《じゅんけい》が成人《せいじん》するまで、死《し》をかくし、声《こえ》のよくにた盲人《もうじん》の木阿弥《もくあみ》をかえ玉《だま》としました。順慶《じゅんけい》が成長《せいちょう》したのち、順昭《じゅんしょう》の死《し》を発表《はっぴょう》し、木阿弥《もくあみ》は、もとの（ただの庶民《しょみん》の）身分《みぶん》にもどったのです。

「甲斐《かい》の虎《とら》」武田信玄《たけだしんげん》も、信長《のぶなが》との決戦《けっせん》を目前《もくぜん》にして病死《びょうし》しましたが、その死《し》も、三年《ねん》かくされました。もともと信玄《しんげん》には、顔《かお》がよくにた弟《おとうと》などの影武者《かげむしゃ》が、複数《ふくすう》いたといわれています。

徳川家康《とくがわいえやす》にいたっては、「ここで影武者《かげむしゃ》といれかわった（！）」とする四つの説《せつ》があります。

まずは、桶狭間《おけはざま》の戦《たたか》いのあと、数年後《すうねんご》に家康《いえやす》が死《し》に、影武者《かげむしゃ》が家康《いえやす》になったという説《せつ》です。

さらに、つぎの説《せつ》は、信長《のぶなが》と戦《たたか》おうと尾張《おわり》へ兵《へい》をすすめているとき、阿部正豊《あべまさとよ》に暗殺《あんさつ》されて、影武者《かげむしゃ》とすりかわったという説《せつ》です。

さらにもうひとつの説《せつ》は、関ケ原《せきがはら》の戦《たたか》いで暗殺《あんさつ》されたので、世良田次郎三郎《せらたじろうさぶろう》とすりかわったといいます。

さらに、大坂夏《おおさかなつ》の陣《じん》で戦死《せんし》し、そのあと一年間《ねんかん》は、小笠原秀政《おがさわらひでまさ》が、家康《いえやす》を演《えん》じたというものもあります。

こんなに、たくさんの影武者説《かげむしゃせつ》があるのは、やはり、それなりに武将《ぶしょう》たちが、万一《まんいち》の場合《ばあい》にそなえて、影武者《かげむしゃ》をほんとうに使《つか》っていたからだと考《かんが》えられます。

えっ？　自分《じぶん》も影武者《かげむしゃ》がほしいなあって？　そうですよね。影武者《かげむしゃ》がいたら、ふだんの自分《じぶん》にはできそうもない、いろんな冒険《ぼうけん》ができるような気《き》がしますよね。

第《だい》三章《しょう》

じつはこのヒト いなかったかも!?伝説《でんせつ》

卑弥呼《ひみこ》は、ほんとうにいた？

みなさんは、「卑弥呼《ひみこ》」という女王《じょおう》の名《な》を聞《き》いて、どんな印象《いんしょう》をいだきますか？

古代《こだい》の日本《にほん》で、うつくしい姿《すがた》と神秘的《しんぴてき》な力《ちから》で、まわりをひれふせさせていた女王《じょおう》。そのひとこと、ひとことが、まわりを恐《おそ》れさせていた女王《じょおう》。圧倒的《あっとうてき》な力《ちから》で、男《おとこ》たちを黙《だま》らせていた女王《じょおう》……。

そんなふうに思《おも》われがちですが、ほんとうのところ、卑弥呼《ひみこ》の実像《じつぞう》は、どうだったのでしょうか。

日本《にほん》の弥生時代《やよいじだい》、邪馬台国《やまたいこく》という国《くに》があり、そこに卑弥呼《ひみこ》という名《な》の女王《じょおう》がいたと、いわれています。

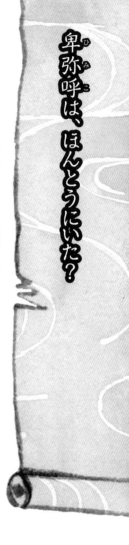

しかし、これはほんとうのことだったのでしょうか？　卑弥呼《ひみこ》という女王《じょおう》は、じっさいに、存在《そんざい》したのでしょうか？　（邪馬台国《やまたいこく》がどこにあったかはいまだわかっておらず、卑弥呼《ひみこ》はいなかった説《せつ》をとなえる人《ひと》もいます）

そのころ、日本《にほん》は「倭《わ》」とよばれていて、邪馬台国《やまたいこく》などの三十の国《くに》からなっていたと考《かんが》えられていますが、中国《ちゅうごく》の『魏志倭人伝《ぎしわじんでん》』には、こうしるされています。

——その国《くに》、もとまた男子《だんし》をもって王《おう》となし、とどまること七、八十年《ねん》。倭国《わのくに》みだれ、相攻伐《あいこうばつ》すること歴年《れきねん》、すなわち共《とも》に一女子《じょし》を立《た》てて王《おう》となす。名《な》づけて卑弥呼《ひみこ》という。

（「倭《わ》」の国《くに》は、男子《だんし》の王《おう》が、七、八十年《ねん》つづいたが、いさかいがおきて、国内《こくない》の争乱《そうらん》がおさまらなかった。そこで、いくつもの国《くに》があつまり、協議《きょうぎ》した。そして女王《じょおう》を立《た》てて、王《おう》になした。その名《な》を、卑弥呼《ひみこ》という。）

ここから読《よ》みとれるのは、卑弥呼《ひみこ》が、いくつかの国家《こっか》の連合国《れんごうこく》である「倭《わ》」の女王《じょおう》にえらばれた、ということです。

では、なぜ、数《かず》ある国《くに》のたくましい男王《おとこおう》たちではなく、邪馬台国《やまたいこく》の卑弥呼《ひみこ》が、「倭《わ》」の王《おう》にえらばれたのでしょうか？

その理由《りゆう》としては、『魏志倭人伝《ぎしわじんでん》』にあるように、卑弥呼《ひみこ》が「鬼道《きどう》につかえ、よく衆《しゅう》を惑《まど》わす（呪術能力《じゅじゅつのうりょく》にたけていて、大衆《たいしゅう》をよくしたがえていた）」ことにあると思《おも》われます。

いさかいの絶《た》えない連合国《れんごうこく》を、なんとかまとめるために、鬼道《きどう》（妖術《ようじゅつ》・呪術《じゅじゅつ》）をとくとする卑弥呼《ひみこ》が、そのカリスマ性《せい》をかわれ、祭司王《さいしおう》として、えらばれたということでしょう。

『魏志倭人伝《ぎしわじんでん》』には、卑弥呼《ひみこ》の日々《ひび》のくらしのようすが書《か》かれています。

――王《おう》と為《な》りしより以来《いらい》、見《み》る者《もの》の少《すく》く、婢千人《ひせんにん》を以《もっ》て自《みずか》ら侍《じ》せしむ。ただ男子一人《だんしひとり》あり、飲食《いんしょく》を給《きゅう》し、辞《ことば》を伝《つた》え、居処《きょしょ》に出入《でい》りする。

（卑弥呼《ひみこ》が王《おう》になってから、あいさつにくる者《もの》はすくなく、はしため千人《せんにん》をはべらせているばかり。ただひとりの男子《だんし》が出入《でい》りし、食事《しょくじ》の世話《せわ》をして、辞令《じれい》を伝《つた》えている）

ここに書《か》かれていることが事実《じじつ》なら、卑弥呼《ひみこ》は、千人《せんにん》の侍女《じじょ》をはべらせてはいたものの、それ以外《いがい》の者《もの》とはほとんど会《あ》うことがない日常《にちじょう》をすごしていたように思《おも》われます。

卑弥呼《ひみこ》はすぐれた能力《のうりょく》をもつ祭祀王《さいしおう》として、祭祀《さいし》の際《さい》には亀《かめ》の甲《こう》や鹿《しか》の骨《ほね》を焼《や》き、その亀裂《きれつ》から、神《かみ》（鬼神《きしん》）が、なにを告《つ》げているかをよみとり、おそらくこの「男子《だんし》」をつうじて、人々《ひとびと》に伝《つた》えたのでしょう。

「みなのもの、よく聞《き》くがいい。神《かみ》はこう告《つ》げておられる……」

と、おごそかに伝《つた》えられる卑弥呼《ひみこ》のことばに、国《くに》の人々《ひとびと》もひれふしたのではないでしょうか。

しかし、卑弥呼《ひみこ》がじっさいに「倭《わ》」国《こく》の王《おう》としてまつりごと（政治《せいじ》）をおこなっていたのかというと、それはどうにも、疑問《ぎもん》なのです。

おりおりに神《かみ》のことばを伝《つた》える……それだけでは、周辺《しゅうへん》の国々《くにぐに》との関係《かんけい》や制度《せいど》などもまだ不安定《ふあんてい》な古代《こだい》の国家《こっか》において、日々《ひび》を平和《へいわ》におさめていくには、不十分《ふじゅうぶん》なようにも思《おも》えるからです。

この「男子《だんし》」というのは、『魏志倭人伝《ぎしわじんでん》』にも「男弟《おとうと》あり。たすけて国《くに》を治《おさ》む」と書《か》れており、卑弥呼《ひみこ》の弟《おとうと》だという説《せつ》が有力《ゆうりょく》です。

だとすると……人前《ひとまえ》に出《で》てこない卑弥呼《ひみこ》の神殿《しんでん》に出入《でい》りでき、また外部《がいぶ》の人間《にんげん》とも接触《せっしょく》する機会《きかい》をもつ、ただ一人《ひとり》の男《おとこ》であるこの弟《おとうと》こそが、事実上《じじつじょう》の国王《こくおう》として、「倭《わ》」国《こく》の日常的《にちじょうてき》なまつりごとをおこなっていた人物《じんぶつ》だったのでは？　と考《かんが》えるほうが自然《しぜん》なように思《おも》えますが、どうでしょうか。

三十の国《くに》をたばねる「倭《わ》」の女王《じょおう》、卑弥呼《ひみこ》。

卑弥呼《ひみこ》は、ほんとうにいたのかどうか、という問《と》いには、いくつかの記録《きろく》からも、まちがいなく実在《じつざい》したと、こたえることができるでしょう。

ただし、圧倒的《あっとうてき》な権力《けんりょく》をもち君臨《くんりん》した女王《じょおう》、というわけではなかった……。

『魏志倭人伝《ぎしわじんでん》』に、「年《とし》すでに長大《ちょうだい》なるも夫壻《ふせい》なく」とあるように、長生《ながい》きはしたようですが、結婚《けっこん》はせず、人《ひと》と会《あ》うこともなく、ひっそりと神殿《しんでん》の奥《おく》に住《す》んでただ神《かみ》の声《こえ》をきいていた祭司王《さいしおう》……。それが、卑弥呼《ひみこ》だったのかもしれません。

聖徳太子《しょうとくたいし》は、実在《じつざい》しなかった?

敏達天皇《びだつてんのう》三年《ねん》（五七四）に生《う》まれ、推古天皇《すいこてんのう》三十年《ねん》（六二二）に、この世《よ》を去《さ》ったといわれている聖徳太子《しょうとくたいし》には、いろんな逸話《いつわ》と伝説《でんせつ》があります。

もっとも知《し》られたエピソードは、こうです。あるとき、十人《にん》の人々《ひとびと》が、聖徳太子《しょうとくたいし》に、べつべつな請願《せいがん》（お願《ねが》いごと）をしました。

「お願《ねが》いします」

「わたしこそ、お願《ねが》いします」

十人《にん》の人《ひと》たちが、いっせいに言葉《ことば》を発《はっ》したのですが、聖徳太子《しょうとくたいし》は、それをすべて聞《き》きとって、ひとりひとりにむかって、きちんとこたえを返《かえ》したのです。

そんな超人的《ちょうじんてき》な耳《みみ》をもっていたことから、聖徳太子《しょうとくたいし》は、「豊聡耳《とよとみみ》」とも、よばれるようになりました。

これは、『日本書紀《にほんしょき》』にしるされている逸話《いつわ》ですが、平安時代《へいあんじだい》に歌人《かじん》藤原兼輔《ふじわらのかねすけ》が編集《へんしゅう》したとされる『聖徳太子伝暦《しょうとくたいしでんりゃく》』には、おどろくべき伝説《でんせつ》があります。

推古天皇《すいこてんのう》六年《ねん》（五九八）の四月《がつ》に、諸国《しょこく》から、よい馬《うま》が献上《けんじょう》されたときのことです。数《すう》百匹《ひゃっぴき》の馬《うま》をみて、聖徳太子《しょうとくたいし》は、そのうちの一匹《いっぴき》である「甲斐《かい》の黒駒《くろごま》」に、目《め》をとめました。

それは、うつくしい馬《うま》でした。からだがまっ黒《くろ》で、四本《ほん》の脚《あし》がまっ白《しろ》という、世《よ》にもめずらしい特徴《とくちょう》がありました。

「これは、神《かみ》の馬《うま》だ」

聖徳太子《しょうとくたいし》は、それが直感《ちょっかん》でわかりました。

その馬《うま》を、舎人《とねり》の調子麿《ちょうしまろ》に命《めい》じて、自分《じぶん》の屋敷《やしき》で、養《やしな》うことにしました。

「たいせつに、そだてなさい」

聖徳太子《しょうとくたいし》の言葉《ことば》にしたがい、馬《うま》は、たいせつにそだてられました。およそ半年《はんとし》ほどたったとき、

「よし、のってみよう」

と、聖徳太子《しょうとくたいし》は、九月《がつ》のある日《ひ》、ためしに馬《うま》にのってみました。すると、びっくりするようなことがおきました。走《はし》りだした馬《うま》は、みるみる、天高《てんたか》くまで飛《と》びあがっていったのです。

「おおっ、太子《たいし》さまのいわれたとおり、あれは、神《かみ》の馬《うま》だったのか！」

みていた者《もの》たちは、おどろきました。

聖徳太子《しょうとくたいし》をのせた馬《うま》は、富士山《ふじさん》をこえて、信濃国《しなののくに》（長野県《ながのけん》）まで飛《と》んでいきました。それから、三日《みっか》をへて、都《みやこ》へもどってきたのです。

こうした、超人的《ちょうじんてき》な伝説《でんせつ》（？）がある一方《いっぽう》で、聖徳太子《しょうとくたいし》は、現実的《げんじつてき》な面《めん》でもさまざまな業績《ぎょうせき》をのこしています。

もともと聖徳太子《しょうとくたいし》は、用明天皇《ようめいてんのう》の第《だい》二皇子《おうじ》として、生《う》まれました。

そのころは厩戸皇子《うまやどのおうじ》とよばれていた太子《たいし》は、当時《とうじ》の大豪族《だいごうぞく》だった蘇我氏《そがし》との、ふかい血《けつ》縁関係《えんかんけい》がありました。

この当時《とうじ》、中国《ちゅうごく》からわたってきた仏教《ぶっきょう》をめぐって、「仏教《ぶっきょう》を信奉《しんぽう》するべきだ」と主張《しゅちょう》する蘇我氏《そがし》と、古来《こらい》の神道《しんとう》をまもり、「仏教《ぶっきょう》を排斥《はいせき》しよう」とする物部氏《もののべし》とが、はげしく対立《たいりつ》していました。

この二大豪族《だいごうぞく》の対立《たいりつ》は、皇位《こうい》をめぐってのあらそいとかさなり、ついには、のっぴきならない、戦《たたか》いとなったのです。

用明天皇《ようめいてんのう》二年《ねん》（五八七）、蘇我氏《そがし》のほうについた聖徳太子《しょうとくたいし》は、勝利《しょうり》を祈願《きがん》して、白膠木《ぬるで》の木《き》で、四天王《してんのう》の像《ぞう》をつくりました。

「われらに勝利《しょうり》をもたらしてください。もしも、勝利《しょうり》をえたなら、仏塔《ぶっとう》をつくり、仏法《ぶっぽう》をひろめます」

聖徳太子《しょうとくたいし》は誓願《せいがん》をたてて、祈《いの》りました。

この祈《いの》りが功《こう》を奏《そう》したのか、いくさは、蘇我氏《そがし》の勝利《しょうり》となります。古《ふる》くからの大豪族《だいごうぞく》だった物部氏《もののべし》は、このとき、ほろびました。

そのあと、聖徳太子《しょうとくたいし》は、自分《じぶん》の叔母《おば》で、日本《にほん》の天皇史上《てんのうしじょう》はじめての女帝《じょてい》である推古天皇《すいこてんのう》のもとで、皇太子《こうたいし》・摂政《せっしょう》となります。蘇我馬子《そがのうまこ》とともに、天皇《てんのう》を補佐《ほさ》することになったのです。

物部氏《もののべし》と戦《たたか》ったときの誓願《せいがん》をまもり、聖徳太子《しょうとくたいし》は、難波《なにわ》（大阪《おおさか》）に四天王寺《してんのうじ》をたて、推古天皇《すいこてんのう》二年《ねん》（五九四）には、「仏教《ぶっきょう》を興隆《こうりゅう》（ひろめること）せよ」というみことのりを発《はっ》します。

さらに、仏教《ぶっきょう》をあつく信仰《しんこう》して、まつりごとをおこない、「冠位十二階《かんいかい》」や、「十七条憲法《じょうのけんぽう》」などをさだめ、外交的《がいこうてき》には、「遣隋使《けんずいし》」を派遣《はけん》しました。

こうして聖徳太子《しょうとくたいし》は、天皇《てんのう》を中心《ちゅうしん》とした中央集権国家《ちゅうおうしゅうけんこっか》の体制《たいせい》をつくりあげたのです。

ところが、こうした聖徳太子《しょうとくたいし》の業績《ぎょうせき》にたいして、

「いや、『冠位十二階《かんいかい》』や『十七条憲法《じょうのけんぽう》』、『遣隋使《けんずいし》』などは、聖徳太子《しょうとくたいし》がおこなったことではない」

という説《せつ》をとなえる学者《がくしゃ》がいます。それどころか、

「聖徳太子《しょうとくたいし》という人《ひと》は、ほんとうは、いなかったのだ」

とまで、いいきる学者《がくしゃ》もいます。

そうした説《せつ》をとなえる学者《がくしゃ》は、こう考《かんが》えているようです。

——推古天皇《すいこてんのう》の時代《じだい》、たしかに、厩戸皇子《うまやどのおうじ》という皇子《おうじ》はいた。これは、事実《じじつ》だ。しかし、そのころおこなわれた、さまざまな業績《ぎょうせき》は、そのほとんどが、当時《とうじ》もっとも力《ちから》をもっていた蘇我馬子《そがのうまこ》がおこなったことではないのか。そう考《かんが》えるほうが自然《しぜん》ではないか？

しかし、蘇我氏《そがし》はあまりに権力《けんりょく》をふるいすぎて、天皇家《てんのうけ》をないがしろにした。その結果《けっか》、のちに天智天皇《てんじてんのう》となる中大兄皇子《なかのおおえのおうじ》と、中臣《なかとみの》（のちの藤原《ふじわらの》）鎌足《かまたり》によって、蘇我氏《そがし》はほろぼされてしまった。

このような経緯《けいい》から、のちの奈良時代《ならじだい》に完成《かんせい》した『日本書紀《にほんしょき》』には、蘇我馬子《そがのうまこ》がおこなったすぐれたことがらを、彼《かれ》ではなく、厩戸皇子《うまやどのおうじ》の業績《ぎょうせき》にして記録《きろく》したのではないのか。

そして、この厩戸皇子《うまやどのおうじ》が、いつしか聖徳太子《しょうとくたいし》となっていったのではないのか。

つまり、いま多《おお》くの日本人《にほんじん》が思《おも》いえがいている聖徳太子像《しょうとくたいしぞう》に、疑問《ぎもん》をかんじている学者《がくしゃ》は、こういっているのです。

——「日本書紀《にほんしょき》」などに書《か》かれている聖徳太子像《しょうとくたいしぞう》には、たくさんの誇張《こちょう》や粉飾《ふんしょく》（うそ）がくわえられている。

たしかに、馬《うま》にのって各地《かくち》に飛《と》んでいった話《はなし》などは、まさにファンタジーですね。日本《にほん》の古代史《こだいし》には、まだまだ解明《かいめい》されていない多《おお》くの疑問《ぎもん》があることは事実《じじつ》です。

さまざまな超伝説《ちょうでんせつ》にいろどられて、日本人《にほんじん》にひろくしたしまれている「聖徳太子《しょうとくたいし》」って、ほんとうは、どんな人《ひと》だったのでしょうか？

興味《きょうみ》ぶかいところですが、みなさんは、どう思《おも》いますか？

武蔵坊弁慶《むさしぼうべんけい》って、ほんとに存在《そんざい》していたの？

「痛《いた》いっ、『弁慶《べんけい》の泣《な》きどころ』をぶつけた！」

「この、『内弁慶《うちべんけい》』め！」

こうした、弁慶《べんけい》を使《つか》った言葉《ことば》のいいまわしは、現代《げんだい》でも、しっかりと生《い》きています。

みなさんも、こうした言葉《ことば》を使《つか》ったことが、あるかもしれませんね。


さて、室町時代《むろまちじだい》に成立《せいりつ》した御伽草子《おとぎぞうし》である『弁慶物語《べんけいものがたり》』には、武蔵坊弁慶《むさしぼうべんけい》は、こんなふうに書《か》かれています。

弁慶《べんけい》は、五十歳《さい》まで子《こ》のいなかった熊野《くまの》の別当《べっとう》（熊野三山《くまのさんざん》の統率者《とうそつしゃ》）、弁心《べんしん》の子《こ》として、生《う》まれました。

「まだじゃ。まだ、出《で》てこぬぞ」

「どうしたのであろう」

父《ちち》の弁心《べんしん》や母《はは》、まわりが心配《しんぱい》するなか、弁慶《べんけい》は、母《はは》の胎内《たいない》に、ふつうなら一年《ねん》くらいのところ、なんと、三年《ねん》もいたそうです。そして、生《う》まれたときには、髪《かみ》が長《なが》く、歯《は》もそろっていたと伝《つた》えられているのです。

「これは、鬼子《おにご》じゃ！」

おそれた弁心《べんしん》は、いったんは殺《ころ》そうとしましたが、それをかわいそうに思《おも》った叔母《おば》が、赤子《あかご》の弁慶《べんけい》をひきとります。

叔母《おば》は、赤子《あかご》を「鬼若《おにわか》」と名《な》づけて、京都《きょうと》でそだてます。

「そなたは、比叡山《ひえいざん》で修行《しゅぎょう》しなさい」

鬼若《おにわか》は、比叡山《ひえいざん》につれていかれます。そこで修行《しゅぎょう》する身《み》となりますが、成長《せいちょう》するにつれ、武術《ぶじゅつ》をこのむ荒法師《あらほうし》として、とくいのなぎなたをふりまわし、怪力《かいりき》を発揮《はっき》するなど、乱暴《らんぼう》なふるまいが多《おお》くなります。

「こまったやつだ」

「だめだ、あいつは手《て》がつけられない」

と、鬼若《おにわか》は、山《やま》から追放《ついほう》されてしまうのです。

そこで、鬼若《おにわか》は、みずから「武蔵坊弁慶《むさしぼうべんけい》」と名《な》のり、京都《きょうと》で、千本《せんぼん》の太刀《たち》をうばおうと願《がん》をかけます。

「あと、一本《いっぽん》だぞ」

刀《かたな》をもった武士《ぶし》と決闘《けっとう》して、九百九十九本《ほん》まであつめます。

ところが、弁慶《べんけい》が、運命《うんめい》のいたずらのように出会《であ》ったのが、のちの源義経《みなもとのよしつね》でした。たくみに笛《ふえ》を吹《ふ》く、若《わか》い美女《びじょ》にもみまがう義経《よしつね》と、五条大橋《ごじょうおおはし》で出会《であ》った弁慶《べんけい》は、さっそく、おどします。

「おい。その刀《かたな》、おいていけ」

しかし、義経《よしつね》はそんなおどしには、のりません。知《し》らんぷりして、笛《ふえ》を吹《ふ》きつづけるのです。

「いうことをきかぬな。ならば、力《ちから》ずくでうばってやる」

とばかり、弁慶《べんけい》はなぎなたをふるいます。ところが、義経《よしつね》はひらりひらりと橋《はし》の欄干《らんかん》を飛《と》びうつって、弁慶《べんけい》のなぎなたをかわすのです。

「ううむ……」

さしもの弁慶《べんけい》も、へとへとになってしまいます。そして、ついに、

「まいりました」

と、ギブアップして、義経《よしつね》の家臣《かしん》になるのです。

それからというもの、弁慶《べんけい》は、義経《よしつね》の忠実《ちゅうじつ》な家来《けらい》として、活躍《かつやく》します。けれど、義経《よしつね》が、奥州平泉《おうしゅうひらいずみ》の「衣川《ころもがわ》の戦《たたか》い」で、多数《たすう》の敵《てき》に攻《せ》められたとき、弁慶《べんけい》は、義経《よしつね》をまもりぬこうと、雨《あめ》のようにふってくる敵《てき》の矢《や》をうけ、立《た》ったまま、絶命《ぜつめい》します。のちに、これが「弁慶《べんけい》の立《た》ち往生《おうじょう》」と、かたりつがれています。

これらの話《はなし》は、『義経記《ぎけいき》』や、『弁慶物語《べんけいものがたり》』に書《か》かれていますが、しかし、ほんとうに弁慶《べんけい》が実在《じつざい》したのかどうかとなると、じつは、すこし疑問《ぎもん》です。

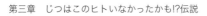

たしかに義経《よしつね》にかんしては、多《おお》くの史料《しりょう》で確認《かくにん》できるのですが、弁慶《べんけい》にかんしての史料《しりょう》は、わずかしか、のこっていないからです。

「ねえ、武蔵坊弁慶《むさしぼうべんけい》って、ほんとうにいたの？」

そうたずねられても、「そうだ、いましたよ」と胸《むね》をはるほどの、りっぱな史料《しりょう》が、どうもないのです。さらに、その実像《じつぞう》も、はっきりとはわかっていません。

けれど、史料《しりょう》があまりないからといって、「弁慶《べんけい》は実在《じつざい》しなかった」ときめつけるのは、さて、どんなものでしょうか。

義経《よしつね》がいたのですから、弁慶《べんけい》だって、いなければこまりますよね。

「ええっと、もしかしたら、いなかったかも。いや、いたかも。いや、いや、やっぱり、いなかったかも。いや、いや、いや、ほんとうは……」

と、返答《へんとう》につまって、「弁慶《べんけい》の立《た》ち往生《おうじょう》」をしたら、笑《わら》いものになりかねません。ですから、「ええ、弁慶《べんけい》はいました」と、このさい、はっきりと断言《だんげん》することにしませんか？

どうでしょう、みなさんはどう思《おも》いますか。

謎《なぞ》の浮世絵師《うきよえし》・写楽《しゃらく》は、なにものだった？

江戸《えど》の画家《がか》、写楽《しゃらく》は、謎《なぞ》だらけの人《ひと》です。

寛政《かんせい》六年《ねん》（一七九四）、五月《がつ》に、彗星《すいせい》のようにあらわれてから、写楽《しゃらく》が江戸《えど》の町《まち》で活躍《かつやく》したのは、わずかに十か月《げつ》でした。

その、たった十か月《げつ》のあいだに、みなさんも一度《いちど》は目《め》にしたことがあるかと思《おも》われる、「三世大谷鬼次《せいおおたにおにじ》」など、百四十点《てん》もの、たくさんの浮世絵《うきよえ》をのこして、ふっと、彗星《すいせい》のように消《き》えてしまったのです。

写楽《しゃらく》の絵《え》は、とにかく、強烈《きょうれつ》です。

歌舞伎役者《かぶきやくしゃ》をモデルにした、大判《おおばん》二十八枚《まい》の大首《おおくび》（上半身《じょうはんしん》の肖像画《しょうぞうが》）絵《え》は、江戸《えど》の町《まち》で、大評判《だいひょうばん》になりました。

「おうっ」

「なんでえ、この面《つら》は」

「あの役者《やくしゃ》は、こんなに、でたらめな顔《かお》じゃねえぞ」

そういう批判《ひはん》の声《こえ》もありました。

写楽《しゃらく》の絵《え》の特徴《とくちょう》は、デフォルメ（誇張《こちょう》）です。つりあがった目《め》、でかい鷲鼻《わしばな》、おちょぼ口《ぐち》など、役者《やくしゃ》ひとりひとりの個性《こせい》を、これでもかとばかり誇張《こちょう》して、描《か》かれています。

なにしろ、ひと目《め》みたら、忘《わす》れられない、そんな絵《え》なのです。

写楽《しゃらく》の浮世絵《うきよえ》は、そのころ、飛《と》ぶ鳥《とり》を落《お》とすいきおいだった版元《はんもと》、蔦屋重三郎《つたやじゅうざぶろう》の店《みせ》から、出版《しゅっぱん》されています。

しかし、「東洲斎写楽《とうしゅうさいしゃらく》」という、絵師《えし》の筆名《ひつめい》があるばかりで、じっさいに絵《え》を描《か》いた人物《じんぶつ》が「それは、わたしです」と、姿《すがた》をあらわすこともなく、たった十か月《げつ》の創作期間《そうさくきかん》を終《お》えると、ぷいっと、行方不明《ゆくえふめい》になってしまったのです。

「さあて、だれでしょうな……」

と、蔦屋重三郎《つたやじゅうざぶろう》は、だんまりをきめこんでいて、写楽《しゃらく》の本名《ほんみょう》をあかそうとはしませんでした。

「写楽《しゃらく》は、だれだ？」

本名《ほんみょう》や出身地《しゅっしんち》など、素性《すじょう》があきらかにされなかったために、その正体《しょうたい》は、謎《なぞ》につつまれたままになりました。

「しかし、ほんとうにいたのか、写楽《しゃらく》というやつは」

そんなことをいう者《もの》さえ出《で》てきました。

けれど、百四十点《てん》ものこされた浮世絵《うきよえ》がある以上《いじょう》、写楽《しゃらく》という名《な》の浮世絵師《うきよえし》は、この世《よ》に存在《そんざい》したことだけは、あきらかです。
「では、どこのだれだったのか？」
ここで、いろんな説《せつ》が生《う》まれました。
「あれは、葛飾北斎《かつしかほくさい》さ。きっと、あの北斎《ほくさい》がしゃれっけで、別名《べつめい》を使《つか》ったのさ。そうにきまっている」

という者《もの》もいれば、

「いや、ありゃ、喜多川歌麿《きたがわうたまろ》だね。あんなにうまい筆使《ふでづか》いは、歌麿《うたまろ》しかいない」

「いや、いや、本業《ほんぎょう》が絵師《えし》じゃなくて、作家《さっか》の十返舎一九《じっぺんしゃいっく》が、写楽《しゃらく》なのさ。あの諧謔《かいぎゃく》（皮肉《ひにく》なおもしろさ）は、『東海道中膝栗毛《とうかいどうちゅうひざくりげ》』を書《か》いた一九《いっく》の、どくとくな味《あじ》がかんじられるじゃねえか」

「いや、いや、いや。じつは、だれあろう、版元《はんもと》の、蔦屋重三郎《つたやじゅうざぶろう》こそが、写楽《しゃらく》だったのさ。だから、正体《しょうたい》をあかさないのさ」

「いや、いや、いや、いや。写楽《しゃらく》はひとりじゃねえんだよ。絵師《えし》が何人《なんにん》かあつまったのが、写楽《しゃらく》の正体《しょうたい》さ」

など、など、ふんぷんと、諸説《しょせつ》が飛《と》びかいました。

いまのところ、もっとも有力視《ゆうりょくし》されているのが、「斎藤十郎兵衛《さいとうじゅうろべえ》」です。

考証家《こうしょうか》の斎藤月岑《さいとうげっしん》が、弘化元年《こうかがんねん》（一八四四）に書《か》いた『増補浮世絵類考《ぞうほうきよえるいこう》』という書物《しょもつ》で、写楽《しゃらく》にかんして、「それは斎藤十郎兵衛《さいとうじゅうろべえ》にちがいない」と、のべているのです。

では、斎藤十郎兵衛《さいとうじゅうろべえ》とは、何者《なにもの》だったのでしょうか。

彼《かれ》は、阿波徳島藩《あわとくしまはん》（現代《げんだい》の徳島県《とくしまけん》にあった藩《はん》）につかえる能役者《のうやくしゃ》で、江戸《えど》の八丁堀《はっちょうぼり》に住《す》んでいました。

たしかに、この「八丁堀《はっちょうぼり》」というのがキイ・ワードで、「東洲斎《とうしゅうさい》」というペンネームに結《むす》びついていると、考《かん》がえられないことはありません。

江戸《えど》の東《ひがし》に洲《す》（川《かわ》の河口付近《かこうふきん》にできる土地《とち》）があるところは、築地《つきじ》か、八丁堀《はっちょうぼり》だからです。さらに、「東洲斎《とうしゅうさい》」をならべかえると、「斎《さい》・藤《とう》・十《じゅう》」と、アナグラム（単語《たんご》をいれかえてべつな意味《いみ》にすること）が成立《せいりつ》します。

しかし、写楽《しゃらく》ではないかと推測《すいそく》される、この斎藤十郎兵衛《さいとうじゅうろべえ》が、ほんとうに実在《じつざい》していたのかどうか？

それが長《なが》いあいだ、疑問視《ぎもんし》されていました。

けれど、平成《へいせい》九年《ねん》（一九九七）に、越谷市《こしがやし》の浄土真宗法光寺《じょうどしんしゅうほうこうじ》の過去帳《かこちょう》に、彼《かれ》が実在《じつざい》したという記述《きじゅつ》がのっていることが、発見《はっけん》されました。

「八丁堀地蔵橋《はっちょうぼりじぞうばし》、阿州殿御内《あしゅうでんみうち》、斎藤十良《さいとうじゅうろ》（郎《ろ》）兵衛《べえ》、文政三庚年《ぶんせいこうねん》（一八二〇）三月七日《がつなのか》、五十八歳《さい》で死去《しきょ》。千住《せんじゅ》にて火葬《かそう》」

たしかに、斎藤十郎兵衛《さいとうじゅうろべえ》は実在《じつざい》していたのです。

それでも、謎《なぞ》は、しっかりのこります。

能役者《のうやくしゃ》だった斎藤十郎兵衛《さいとうじゅうろべえ》が、あんなにすごい浮世絵《うきよえ》をほんとうに描《えが》けたのかどうか、ということです。

あたりまえですが、これを証明《しょうめい》した人《ひと》は、だれもいません。

「謎《なぞ》の絵師《えし》、東洲斎写楽《とうしゅうさいしゃらく》は、ほんとうにいたのか？　いたとしたら、だれだったのか？」

という問題《もんだい》は、じつはまだ、完全《かんぜん》に解決《かいけつ》されてはいないのです。

さて、みなさんはどう思《おも》いますか？

コラム

あの人《ひと》は、「チーム」だったかも？

写楽《しゃらく》にも「複数人《ふくすうにん》のチーム」説《せつ》がありましたが、このところいわれているのが、じつは「天草四郎《あまくさしろう》」は、ひとりではなかったのではないかという説《せつ》（？）です。個人《こじん》ではなく、数人《すうにん》、いや十人以上《にんいじょう》のチームだったかもしれないというのです。

江戸時代《えどじだい》に、長崎《ながさき》の島原《しまばら》で、信仰《しんこう》の自由《じゆう》と重税《じゅうぜい》からの解放《かいほう》をとなえ、キリスト教徒《きょうと》の農民《のうみん》たちによっておこされた一揆《いっき》、「島原《しまばら》の乱《らん》」をひきいていた天草《あまくさ》四郎《しろう》。その姿《すがた》は、前髪《まえがみ》を両側《りょうがわ》にたらして、胸《むね》に十字架《じゅうじか》をかけた、十六歳《さい》の美青《びせい》年《ねん》だったと伝《つた》えられています。

しかし、たてこもった原城《はらじょう》が焼《や》け落《お》ち、一揆《いっき》がしずめられたあと、「天草四《あまくさし》郎《ろう》」とされる遺体《いたい》が、なんと十数体《すうたい》もあったというのです。

　つまり、「天草四郎《あまくさしろう》」はひとりではなく、「チーム・天草四郎《あまくさしろう》（！）」として、キリスト教《きょう》の布教活動《ふきょうかつどう》と農民一揆《のうみんいっき》を集団指導《しゅうだんしどう》していたのではないかという説《せつ》（？）が、いまいわれているのです。

「ひとりではない、数人説《すうにんせつ》」がとなえられているのは、写楽《しゃらく》や天草四郎《あまくさしろう》だけではありません。

　世界《せかい》に目《め》をむけると、たとえば、『ハムレット』や『ロミオとジュリエット』を書《か》いた英国《えいこく》のいだいな戯曲家《ぎきょくか》、「シェイクスピア」にも、複数説《ふくすうせつ》があります。

　その根拠《こんきょ》は、あれほどの名作《めいさく》を数多《かずおお》く書《か》いたことと、作品中《さくひんちゅう》の教養《きょうよう》あふれる語彙力《ごいりょく》などが、

「いやいや、ひとりじゃ無理《むり》だよ」

「数人《すうにん》が書《か》いたにちがいない」

というものです。しかし、複数説《ふくすうせつ》のたしかな根拠《こんきょ》としては、ちょっと弱《よわ》いような気《き》がしますね。

わが国《くに》がほこる、平安時代《へいあんじだい》の一大長編小説《いちだいちょうへんしょうせつ》である『源氏物語《げんじものがたり》』の作家《さっか》、「紫式部《むらさきしきぶ》」にも、「ひとりで書《か》いたのではない、かも……」という複数説《ふくすうせつ》があります。

そんなことをいっていると、「失礼《しつれい》な。わたしはひとりで書《か》いたぞ」とシェイクスピアさんにも、「複数《ふくすう》なんて、かってにきめつけないで」と紫式部《むらさきしきぶ》さんにも怒《おこ》られそうですね。

第《だい》四章《しょう》

超能力《ちょうのうりょく》&《アンド》超常現象《ちょうじょうげんしょう》!?伝説《でんせつ》

西行《さいぎょう》は、人造人間《じんぞうにんげん》をつくった?

——ねがわくは　花《はな》の下《した》にて　春《はる》死《し》なむ(ん)
　そのきさらぎの　望月《もちづき》のころ

(願《ねが》いがかなうのなら、春《はる》の桜《さくら》の花《はな》の下《した》で、死《し》にたいものだ。二月《がつ》の、満月《まんげつ》のころに)

この歌《うた》を詠《よ》んで、まさしく、その歌《うた》のとおりに、建久元年《けんきゅうがんねん》(一一九〇)の陰暦《いんれき》二月《がつ》十六日《にち》、釈尊涅槃《しゃくそんねはん》の日《ひ》(ブッダが死《し》んだ日《ひ》)に、西行法師《さいぎょうほうし》はこの世《よ》を去《さ》ったといわれています。

西行《さいぎょう》は、かつては鳥羽院《とばいん》につかえる佐藤義清《さとうのりきよ》という名《な》の、北面《ほくめん》の武士《ぶし》(院御所《いんのごしょ》の北側《きたがわ》の部屋《へや》につめて上皇《じょうこう》を護衛《ごえい》した武士《ぶし》)でした。

教養《きょうよう》ゆたかで、すぐれた和歌《わか》をたしなむ武人《ぶじん》として知《し》られていましたが、さまざまに思《おも》うことがあり、義清《のりきよ》は、保延《ほうえん》六年《ねん》（一一四〇）、二十三歳《さい》で出家《しゅっけ》したのです。

それからは西行《さいぎょう》と名《な》のり、仏道《ぶつどう》の修行《しゅぎょう》をしつつ、和歌《わか》を詠《よ》みながら、諸国《しょこく》を旅《たび》してまわりました。

「歌《うた》」と「仏《ほとけ》」の道《みち》という、ふたつの道《みち》を、生涯《しょうがい》かけて歩《あゆ》んだ西行《さいぎょう》は、のちの世《よ》の人《ひと》に、おおきな影響《えいきょう》をあたえました。とりわけ、「俳聖《はいせい》」として知《し》られる松尾芭蕉《まつおばしょう》は、この西行《さいぎょう》を尊敬《そんけい》してやまなかったといわれています。

西行《さいぎょう》には、さまざまな逸話《いつわ》（エピソード）がありますが、そのひとつに、じつに怪奇《かいき》なものがあります。

それは、かつて西行《さいぎょう》が、友人《ゆうじん》の西住上人《さいじゅうしょうにん》と、高野山《こうやさん》で修行《しゅぎょう》していたときのことです。それまで仲《なか》よく修行《しゅぎょう》していた西住上人《さいじゅうしょうにん》が、用事《ようじ》があって、山《やま》をおりてしまったのです。

ああ、さびしいなあ。

西住《さいじゅう》という、気《き》の合《あ》った話《はな》し相手《あいて》がいなくなり、孤独《こどく》にさいなまれた西行《さいぎょう》は、ふと、思《おも》いたちました。

「よし、話《はな》し相手《あいて》をつくろう」

鬼《おに》が人骨《じんこつ》をあつめて、人間《にんげん》をつくる「反魂術《はんごんじゅつ》」という話《はなし》を聞《き》いていた西行《さいぎょう》は、それを実《じっ》行《こう》しようと決意《けつい》したのです。

まず、野原《のはら》にころがっている人骨《じんこつ》をあつめ、頭蓋骨《ずがいこつ》から足先《あしさき》まで、骨《ほね》をならべました。そして、砒霜《ひそう》という秘薬《ひやく》を、まんべんなく骨《ほね》にぬりつけ、骨《ほね》と骨《ほね》とを、藤《ふじ》の蔓《つる》でつなぎあわせました。それから、水《みず》でよく洗《あら》い、十四日放置《かほうち》したあとで、沈香《じんこう》（沈丁花科《じんちょうげか》の樹皮《じゅひ》からとれる貴重《きちょう》な香《こう》。伽羅《きゃら》、蘭奢待《らんじゃたい》などが代表《だいひょう》）をたいて、呪文《じゅもん》をとなえ、反魂《はんごん》の術《じゅつ》をおこないました。

「よし、できたぞ」

しかし、西行《さいぎょう》が苦労《くろう》してつくった人造人間《じんぞうにんげん》は、とても満足《まんぞく》のいく出来《でき》ではありませんでした。姿《すがた》かたちがみにくく、声《こえ》も、人間《にんげん》のような声《こえ》ではなく、へたくそな笛《ふえ》の音《ね》のような音《おと》しか、出《だ》せなかったのです。

「うまくできなかったぞ。さて、どうしたものか」

つくりあげたものをこわそうかとも思《おも》いましたが、いちおうは人間《にんげん》のかたちをしているので、あわれと思《おも》い、西行《さいぎょう》は、高野山《こうやさん》の奥《おく》ふかくにつれていきました。

「すまぬ。おまえをここにおいていくことにする」

西行《さいぎょう》は手《て》を合《あ》わせて、自分《じぶん》のつくった人造人間《じんぞうにんげん》にあやまりました。

捨《す》てられることを知《し》って、人造人間《じんぞうにんげん》は、笛《ふえ》の音《ね》のような悲《かな》しげな声《こえ》で泣《な》きました。西行《さいぎょう》は、その声《こえ》に耳《みみ》をふさいで、聞《き》かないようにして、はなれていったのです。

「あわれなことをしたな……」

後悔《こうかい》した西行《さいぎょう》は、つらつらと考《かんが》えました。

「しかし、どこがよくなかったのだろう？　なぜ、ちゃんとした人間《にんげん》がつくれなかったのだろう？」

西行《さいぎょう》は、伏見前中納言師仲《ふしみのさきのちゅうなごんもろなか》の家《いえ》をたずねました。師仲《もろなか》は、反魂《はんごん》の術《じゅつ》の名人《めいじん》として、名《な》を知《し》られていたのです。

「じつは、わたしもつくってみたのですが……」

西行《さいぎょう》が、ことのあらましをつげると、師仲《もろなか》は、うむうむとうなずいてから、いいまし

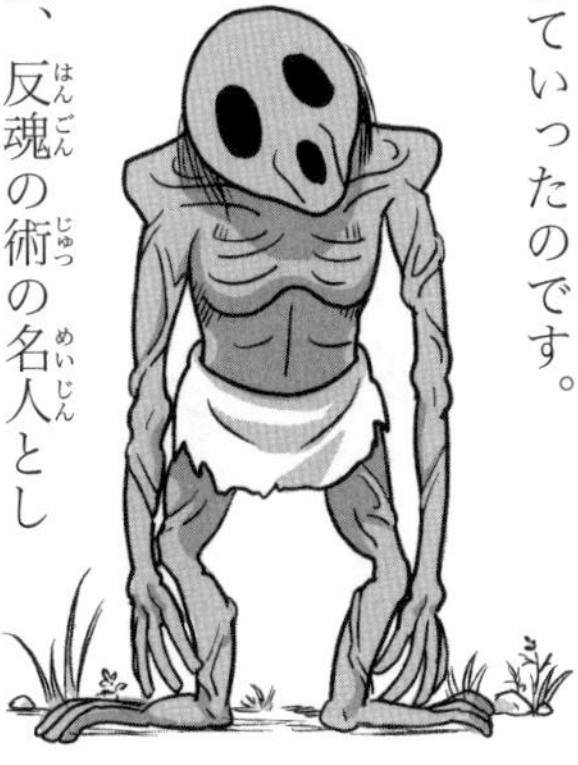

た。

「まだ、そこもとは修行《しゅぎょう》が足《た》りないのであろう。それに、反魂《はんごん》の術《じゅつ》をおこなうのに、沈香《じんこう》をたくのは、よくない。沈香《じんこう》と乳香《にゅうこう》（カンラン科《か》の樹脂《じゅし》からとれる、乳白色《にゅうはくしょく》の香《こう》）をたかねば、うまく完成《かんせい》しないのだ」

それを聞《き》いて、西行《さいぎょう》はふかく恥《は》じいりました。

「まだ、わたくしは修行《しゅぎょう》が足《た》りなかったのですね」

「うむ、反魂《はんごん》の術《じゅつ》は、かんたんにできるものではない。それを本気《ほんき》でおこなうには、かなりの修行《しゅぎょう》が必要《ひつよう》なのだ」

「よくわかりました」

うなだれている西行《さいぎょう》に、師仲《もろなか》はいいました。

「わたしも、ずいぶん人間《にんげん》をつくったものだ。そのなかには、いまでは朝廷《ちょうてい》でずいぶん出世《しゅっせ》している者《もの》もいる。しかし、その氏名《しめい》をあかすと、そのとたん、その者《もの》は消《き》え失《う》せてしまうので、名前《なまえ》はいえない。よいか、反魂《はんごん》の術《じゅつ》は、めったにためしてはならないのだぞ」

西行《さいぎょう》は、前中納言《さきのちゅうなごん》のもとを去《さ》ると、ふかく反省《はんせい》し、それ以降《いこう》、二度《にど》と反魂《はんごん》の術《じゅつ》をためそ

うとはしませんでした。

というのが、西行《さいぎょう》が人造人間《じんぞうにんげん》をつくったといわれている逸話《いつわ》です。

まさに、イギリスの小説家《しょうせつか》メアリー・シェリーが書《か》いて、一八一八年《ねん》に出版《しゅっぱん》されたゴシック・ホラー、『フランケンシュタイン』を思《おも》わせる話《はなし》ですが、それより七百年《ひゃくねん》も前《まえ》に、日本《にほん》では、人造人間《じんぞうにんげん》がつくられていたというのですから、おどろきですね。

この人造人間《じんぞうにんげん》のエピソードは、『撰集抄《せんじゅうしょう》』という名《な》の説話集《せつわしゅう》に書《か》かれています。

この説話集《せつわしゅう》は、寿永《じゅえい》二年《ねん》（一一八三）、讃岐国《さぬきのくに》（香川県《かがわけん》）善通寺《ぜんつうじ》にてつくられたと書《か》かれていて、江戸時代《えどじだい》までは、西行本人《さいぎょうほんにん》が書《か》いたのではないかとも、いわれていました。

けれど、のちの研究《けんきゅう》により、西行《さいぎょう》が書《か》いたものではないことが判明《はんめい》しています。

では、だれがこの説話集《せつわしゅう》、『撰集抄《せんじゅうしょう》』を書《か》いたのでしょう？

鎌倉時代《かまくらじだい》の後期《こうき》に、興福寺《こうふくじ》の僧《そう》がかかわったのではないかという説《せつ》もありますが、ほんとうのところ、だれが書《か》いたものかは、まだ正確《せいかく》にはわかっていません。

けれど、それにしても、反魂《はんごん》の術《じゅつ》で人間《にんげん》をつくる、などという超能力《ちょうのうりょく》の伝説《でんせつ》（？）、ほんとうに、そんなふしぎなことが、この日本《にほん》でおこなわれたのでしょうか？

みなさんは、どう思《おも》いますか。

江戸《えど》の電気人間《でんきにんげん》、弥五郎《やごろう》のふしぎ能力《のうりょく》とは？

ときは江戸《えど》、徳川《とくがわ》第《だい》三代《だい》将軍《しょうぐん》家光《いえみつ》のころのことです。

「えっ、そいつは、ほんとうの話《はなし》なのかい？　あの弥五郎《やごろう》がつかんだ鯉《こい》が、ぴたりと、動《うご》きをとめたってえのは」

「うむ。そうらしいんだ。ふしぎなことに、釣《つ》ったばかりの鯉《こい》を、弥五郎《やごろう》が手《て》づかみにすると、あばれていたのが、とたんに静《しず》まった、というんだぜ」

こうしたうわさが飛《と》びかったのは、ときの老中《ろうじゅう》、酒井忠勝《さかいただかつ》の家中《かちゅう》でした。弥五郎《やごろう》は、酒《さか》井家《いけ》に奉公《ほうこう》していたのです。

この弥五郎《やごろう》は、のちに別名《べつめい》、「だきつき弥五郎《やごろう》」とよばれるようになりました。

「てやんでえ、酔《よ》っちゃあ、悪《わる》いってえのか」

あるとき、相撲《すもう》とりの丸山仁太夫《まるやまにだゆう》が、たらふく酒《さけ》を飲《の》んで、酔《よ》っぱらい、日本橋《にほんばし》のまんなかで、大《おお》あばれしたときがありました。

仁太夫《にだゆう》は、初代横綱《しょだいよこづな》の明石志賀之介《あかししがのすけ》のライバルで、いつも名勝負《めいしょうぶ》をくりひろげていた、身長《しんちょう》が七尺《しゃく》五寸《すん》（約《やく》二百《ひゃく》二十七センチ）もあるという巨漢《きょかん》でした。

「あぶないっ！」

「川《かわ》にたたきこまれるぞっ！」

あばれる仁太夫《にだゆう》に、群衆《ぐんしゅう》が逃《に》げまどっていると、そのときでした。たまたま、その場《ば》をとおりかかった弥五郎《やごろう》が、仁太夫《にだゆう》のうしろにしのびより、背中《せなか》にだきついたのです。

「ううっ……」

仁太夫《にだゆう》は、うめき声《ごえ》をあげ、まっ青《さお》な顔《かお》になり、あぶら汗《あせ》をたらたらながして、その場《ば》にくずれおちてしまいました。

なんと仁太夫《にだゆう》は、弥五郎《やごろう》にだきつかれて、気絶《きぜつ》してしまったのです。

「聞《き》いたか、弥五郎《やごろう》のこと」

「おお、あの仁太夫《にだゆう》を気絶《きぜつ》させるとは、まったく、てえしたもんだぜ」

人々《ひとびと》は、よるとさわると、弥五郎《やごろう》のことをうわさしました。

こうしたことがあって、「だきつき弥五郎《やごろう》」の名《な》は、江戸中《えどじゅう》にひろまったのでした。

そして、弥五郎《やごろう》の名《な》が、さらに世間《せけん》に知《し》れわたることがおきました。

ある日《ひ》、大雨《おおあめ》で、大川《おおかわ》が氾濫《はんらん》したのです。このとき、大川《おおかわ》のそばに家《いえ》があった弥五郎《やごろう》の母《はは》は、おしよせる濁流《だくりゅう》にのまれて、死《し》んでしまいました。

「母上《ははうえ》、母上《ははうえ》っ……」

弥五郎《やごろう》は悲《かな》しみ、母《はは》のなきがらにとりすがって、一夜《いちや》をあかしました。すると、おどろくべきことがおきたのです。

「おおっ、母上《ははうえ》っ！」

なんと、死《し》んだはずの母《はは》が、生《い》きかえったのです。弥五郎《やごろう》は泣《な》いてよろこびました。

「ありがとう、おまえのおかげで、冥土《めいど》から帰《かえ》ってこられたよ、弥五郎《やごろう》」

母《はは》はそういって、弥五郎《やごろう》に感謝《かんしゃ》したということです。

――弥五郎《やごろう》には、ふしぎな力《ちから》がある。弥五郎《やごろう》がだきつけば、力士《りきし》は気絶《きぜつ》し、死《し》んだ者《もの》はよみがえる。

そうした評判《ひょうばん》を聞《き》きつけて、全国《ぜんこく》の重病人《じゅうびょうにん》たちが、われもわれもと、弥五郎《やごろう》のもとにおしかけてくるようになりました。

「お願《ねが》いです、弥五郎《やごろう》さま」

「どうぞ、わたしをたすけてください」

重《おも》い病《やま》いにかかっていた者《もの》たちは、弥五郎《やごろう》をおがむようにして、病《やま》いをなおしてほしいと、懇願《こんがん》しました。けれど、弥五郎《やごろう》は、よっぽどのことがないかぎり、そうした重病人《じゅうびょうにん》をなおしたりはしませんでした。

いまのわたしたちの観点《かんてん》からすると、もしかしたら弥五郎《やごろう》は、特殊《とくしゅ》な能力《のうりょく》をもった「電気人間《でんきにんげん》」だったのかもしれない、と考《かんが》えることもできます。

アマゾン川《がわ》の電気《でんき》ウナギのように、弥五郎《やごろう》はある特殊《とくしゅ》な体質《たいしつ》のもち主《ぬし》で、死《し》にかけていた母《はは》を、電気《でんき》ショックをあたえて生《い》きかえらせたとも、考《かんが》えられるのです。

現代《げんだい》においても、自発的《じはってき》に電気《でんき》を発生《はっせい》させ、磁力《じりょく》・磁場《じば》をあやつる能力《のうりょく》をもった、「エレクトリックマスター」とよばれる人《ひと》や、ふつうの人間《にんげん》から出《で》る微量《びりょう》の電気《でんき》をかんじとることのできる人《ひと》など、「電気人間《でんきにんげん》」はたしかに存在《そんざい》しているといわれています。

江戸時代《えどじだい》の弥五郎《やごろう》が、そうしたふしぎな力《ちから》をもった「電気人間《でんきにんげん》」だったかどうか。その真相《しんそう》は、謎《なぞ》につつまれたままなのです。

みなさんは、どう思《おも》いますか。

不老長寿《ふろうちょうじゅ》の薬《くすり》「人魚《にんぎょ》の骨《ほね》」を飲《の》んだ平田篤胤《ひらたあつたね》の運命《うんめい》は？

みなさんは、「人魚《にんぎょ》」がほんとうに存在《そんざい》していると思《おも》いますか？

人魚《にんぎょ》といえば、アンデルセンの「人魚姫《にんぎょひめ》」がもっとも知《し》られていますね。王子《おうじ》に恋《こい》した人魚姫《にんぎょひめ》の悲《かな》しい物語《ものがたり》ですが、この人魚姫《にんぎょひめ》は、上半身《じょうはんしん》が美《うつく》しい姫《ひめ》で、下半身《かはんしん》が魚《さかな》という姿《すがた》でした。

世界中《せかいじゅう》につたわる人魚伝説《にんぎょでんせつ》は、多《おお》くの場合《ばあい》は、この姿《すがた》ですが、上半身《じょうはんしん》が魚《さかな》、下半身《かはんしん》が人間《にんげん》という、ちょっとグロテスクな姿《すがた》も、伝《つた》えられています。

人魚伝説《にんぎょでんせつ》は、日本《にほん》にも古《ふる》くからあり、その神秘的《しんぴてき》な存在《そんざい》ゆえか、「人魚《にんぎょ》の肉《にく》を食《た》べると、長生《ながい》きできる」という言《い》い伝《つた》えもありました。八百歳《さい》まで長生《ながい》きできたという女性《じょせい》の伝説《でんせつ》ものこっています。

肉《にく》だけでなく、骨《ほね》も不老長寿《ふろうちょうじゅ》の薬《くすり》といわれていたようですが、じつは、この「人魚《にんぎょ》の骨《ほね》」を煎《せん》じて、じっさいに飲《の》んだといわれている有名《ゆうめい》な人《ひと》がいます。

その人物《じんぶつ》こそ、江戸時代《えどじだい》の国学者《こくがくしゃ》にして、神秘的《しんぴてき》な思想家《しそうか》、さらに医者《いしゃ》だった、平田篤胤《ひらたあつたね》です。

平田篤胤《ひらたあつたね》は、安永《あんえい》五年《ねん》（一七七六）に、出羽国《でわのくに》（いまの秋田県《あきたけん》）に生《う》まれました。

「おまえのような馬鹿《ばか》は、うちの子《こ》ではない」

などと、父親《ちちおや》からうとんじられ、不幸《ふこう》な幼年期《ようねんき》をおくった篤胤《あつたね》は、二十歳《はたち》のときに、江戸《えど》へ出《で》ていきました。火消《ひけ》しや、飯《めし》たきなどをしながら、せっせと独学《どくがく》し、山鹿流兵学者《やまがりゅうへいがくしゃ》の平田篤穏《ひらたあつやす》の養子《ようし》となりました。

享和《きょうわ》三年《ねん》（一八〇三）に、本居宣長《もとおりのりなが》の国学思想《こくがくしそう》を知《し》った篤胤《あつたね》は、それにひかれて、独自《どくじ》の考《かんが》え方《かた》をのべる書物《しょもつ》を、つぎつぎと書《か》きあげました。

そもそも国学《こくがく》とは、日本古来《にほんこらい》の思想《しそう》をたいせつにしようという学問《がくもん》です。儒教《じゅきょう》や仏教《ぶっきょう》が伝来《でんらい》する前《まえ》の、日本《にほん》の古典《こてん》である「古事記《こじき》」などをおもんじて、その精神《せいしん》をたっとぼうとする学問《がくもん》です。

しかし、篤胤《あつたね》は、こうした国学《こくがく》を学《まな》ぶだけにとどまらず、さまざまな神《かみ》や、この世《よ》ならぬ「異界《いかい》」の存在《そんざい》に、興味《きょうみ》をいだくようになりました。

――死《し》んだあとの魂《たましい》は、どこへいくのか？　魂《たましい》は、どのようにして、すくわれるのか？

そうしたことを考《かんが》えるようになり、篤胤《あつたね》は、仏教《ぶっきょう》や儒教《じゅきょう》、道教《どうきょう》、キリスト教《きょう》など、世界《せかい》中《じゅう》のさまざまな宗教《しゅうきょう》を研究《けんきゅう》したのです。

文政《ぶんせい》三年《ねん》（一八二〇）、江戸《えど》では、「天狗小僧《てんぐこぞう》」の寅吉《とらきち》のことで、話《はなし》がもちきりになりました。

「寅吉《とらきち》は、仙人《せんにん》に会《あ》ったんだって？」

「そうらしいな」

神仙世界《しんせんせかい》（仙人《せんにん》の住《す》む天上《てんじょう》の世界《せかい》）をおとずれ、そこで仙人《せんにん》から呪術《じゅじゅつ》をならい、人間界《にんげんかい》にもどってきた。そううわさされていた寅吉《とらきち》に、篤胤《あつたね》はふかい興味《きょうみ》をいだきます。

「よし、わたしが寅吉《とらきち》のめんどうをみよう」

篤胤《あつたね》は、九年《ねん》ものあいだ、寅吉《とらきち》をそばにおいて、ともにくらし、生活《せいかつ》のめんどうをみました。そして、寅吉《とらきち》から、仙人《せんにん》たちの住《す》む異界《いかい》のありさまをつぶさに聞《き》きだし、『仙境異聞《せんきょういぶん》』という書物《しょもつ》をしるしたのです。


このように、異界《いかい》や死後《しご》の魂《たましい》などを研究《けんきゅう》するだけでなく、篤胤《あつたね》は、「尊皇復古《そんのうふっこ》（天皇《てんのう》をたっとんで、日本古来《にほんこらい》のものをたいせつにしよう）」という思想《しそう》を、提唱《ていしょう》しました。

しかし、天保《てんぽう》十二年《ねん》（一八四一）、一月一日《がっついたち》、江戸幕府《えどばくふ》の暦制《れきせい》を批判《ひはん》した書物《しょもつ》、『天朝無窮暦《てんちょうむきゅうれき》』を出《だ》したことにより、幕府《ばくふ》に、にらまれてしまったのです。

「ゆるさぬ」

幕府《ばくふ》は、篤胤《あつたね》に、郷里《きょうり》の秋田《あきた》にもどるように命《めい》じました。そして、それ以降《いこう》、書物《しょもつ》を書《か》くことを禁《きん》じたのです。

このとき、平田篤胤《ひらたあつたね》は六十六歳《さい》でした。

そして、天保《てんぽう》十三年《ねん》（一八四二）の三月《がつ》二十三日《にち》。

その日《ひ》、篤胤《あつたね》は、秋田藩《あきたはん》の元家老《もとかろう》の家《いえ》にいました。元家老《もとかろう》は、なおらないといわれていた重《おも》い病《やま》いにかかっていました。しかし、医者《いしゃ》の篤胤《あつたね》によって、その病《やま》いが、みごとに癒《い》えたのです。

「なんと、ありがたいことか」

元家老《もとかろう》は、病《やま》いをなおしてくれたお礼《れい》がしたいと、篤胤《あつたね》をまねきました。

「平田先生《ひらたせんせい》に、ぜひ、わが家《や》の、めずらしい家宝《かほう》をおみせしたいのです」

元家老《もとかろう》の言葉《ことば》に、篤胤《あつたね》はたずねました。

「ほう、めずらしい家宝《かほう》とは、なんですかな？」

元家老《もとかろう》は、厳重《げんじゅう》につつんだものを、ひらいてみせました。

「これです。人魚《にんぎょ》の骨《ほね》、です」

それは、なんとも奇怪《きかい》なかたちの骨《ほね》でした。いわゆる獣《けもの》の骨《ほね》ではなく、人間《にんげん》の骨《ほね》でも、なかったのです。

もしも、この骨《ほね》に、ちゃんと肉《にく》がついたなら、もしかしたら、人魚《にんぎょ》のかたちになるかもしれない、と想像《そうぞう》される骨《ほね》でした。

「なるほど。これが、人魚《にんぎょ》の骨《ほね》といわれているものですか」

篤胤《あつたね》は、おそるおそる、その骨《ほね》にさわってみました。なにか、磁気《じき》を発《はっ》しているような、ぴりっとしたものをかんじて、すぐに手《て》をひっこめました。

「平田先生《ひらたせんせい》に、これをさしあげます」

元家老《もとかろう》はいいました。

「えっ、わたしに？」

篤胤《あつたね》はおどろきました。

「こんな貴重《きちょう》なものを、わたしなどに……」

すると、元家老《もとかろう》はいいました。

「はい。これは、たしかに、わが家《や》に代々伝《だいだいつた》わる宝《たから》でした。けれど、平田先生《ひらたせんせい》には、わたしの難病《なんびょう》をなおしていただきました。そのお礼《れい》です。どうぞ、おおさめください」

篤胤《あつたね》は、ため息《いき》をついて、それをうけとりました。

その夜《よる》、篤胤《あつたね》は、人魚《にんぎょ》の骨《ほね》の一部《いちぶ》をうすくけずりとって、お湯《ゆ》で煎《せん》じました。

「人魚《にんぎょ》の骨《ほね》は、不老長寿《ふろうちょうじゅ》の妙薬《みょうやく》といわれている。わたしはいま六十七歳《さい》だが、この人魚《にんぎょ》の骨《ほね》により、どのくらい長生《ながい》きできるだろう」

篤胤《あつたね》は、煎《せん》じたものを、ぐっと飲《の》みほしました。

苦《にが》い。

篤胤《あつたね》は思《おも》いました。

これで、百歳《さい》、二百歳《さい》まで、長生《ながい》きできるだろうか。

しかし、そうはなりませんでした。篤胤《あつたね》は、あくる年《とし》の秋《あき》に、ふとした風邪《かぜ》をこじらせて、亡《な》くなったのです。

篤胤《あつたね》は、そのとき、六十八歳《さい》でした。江戸時代《えどじだい》の平均寿命《へいきんじゅみょう》は、せいぜい四十歳《さい》ほどでしたから、篤胤《あつたね》は、人《ひと》よりも長生《ながい》きはしたのです。

しかし、残念《ざんねん》なことに、「人魚《にんぎょ》の骨《ほね》」は、不老長寿《ふろうちょうじゅ》の薬《くすり》ではなかったよう、なのです。

みなさんは、この話《はなし》、どう思《おも》いますか？

コラム

忍者《にんじゃ》って、どんな能力《のうりょく》があったの？

忍者《にんじゃ》といえば、人《ひと》なみはずれたさまざまな能力《のうりょく》を思《おも》いうかべますね。まるで「超《ちょう》」能力《のうりょく》のようにも思《おも》える、そのおどろくべき能力《のうりょく》を、伝説《でんせつ》の忍者《にんじゃ》たちの記録《きろく》や『忍術伝書《にんじゅつでんしょ》』から、ほんの一部紹介《いちぶしょうかい》しましょう。

秀吉《ひでよし》につかえた忍者《にんじゃ》「韋駄天《いだてん》」は、一日《にち》に二百キロ、水戸藩《みとはん》の忍者《にんじゃ》「仁右ヱ門《じんえもん》」は七日間《なのかかん》で九百六十キロ走《はし》ったといわれています。『伝書《でんしょ》』によると、助走《じょそう》なしの高跳《たかと》びは、二・七メートル。助走《じょそう》なしの幅跳《はばと》びは、五・四五メートルという記録《きろく》がのこっています。

走《はし》るには、「横走《よこばし》り」、「犬走《いぬばし》り」、「狐走《きつねばし》り」。歩《ある》くには、「忍《しの》び足《あし》」、「すり足《あし》」、「締《し》め足《あし》」、「刻《きざ》み足《あし》」。これらは、あたえられた使命《しめい》と状況《じょうきょう》にあわせて、使《つか》いわけました。

視力《しりょく》は、闇《やみ》でもみえるように訓練《くんれん》し、聴力《ちょうりょく》は「小音聞《さおとき》き」という、ぬい針《ばり》を落《お》として聞《き》きとる独特《どくとく》の方法《ほうほう》できたえました。

食《た》べ物《もの》は、いつでもどこでも食《た》べられる「携帯食《けいたいしょく》」を持参《じさん》。天地《てんち》のようすを読《よ》みとり、時刻《じこく》を知《し》るための「察天術《さつてんじゅつ》」。野山《のやま》で夜《よる》をあかす「野営術《やえいじゅつ》」には、鳥《とり》の羽《はね》を地面《じめん》に刺《さ》して、水《みず》のありかをみつける方法《ほうほう》などがあります。

また、痛《いた》み止《ど》め、血止《ちど》め、傷薬《きずぐすり》などの「薬草《やくそう》」、さらには「毒草《どくそう》」などのみつけ方《かた》と使《つか》い方《かた》は、忍者《にんじゃ》にとってぜったいに欠《か》かせないものでした。

火薬《かやく》、火器《かき》、手裏剣《しゅりけん》、忍《しの》び刀《がたな》などの「武術《ぶじゅつ》」、きたえぬいた体《からだ》で、敵《てき》を打《う》つ・蹴《け》る・投《な》げとばすなどの「格闘術《かくとうじゅつ》」、敵《てき》をあざむく「変装術《へんそうじゅつ》」、相手《あいて》を意《い》のままにあやつる「心理術《しんりじゅつ》」、情報《じょうほう》をわすれないための「記憶術《きおくじゅつ》」、仲間《なかま》に合図《あいず》し、暗号《あんごう》を使《つか》う「伝達術《でんたつじゅつ》」、闇《やみ》にまぎれる「隠形術《おんぎょうじゅつ》」、忍《しの》びこむための「侵入術《しんにゅうじゅつ》」……と、忍者《にんじゃ》たちはおさないころから、血《ち》のにじむような心《しん》・技《ぎ》・体《たい》の訓練《くんれん》をして、驚異《きょうい》の能力《のうりょく》を獲得《かくとく》していったのです。

たくさんの忍法《にんぽう》・忍術《にんじゅつ》のうち、みなさんは、どんな術《じゅつ》を獲得《かくとく》したいですか。

サッカーボールをかならずゴールに入《い》れる㊙術《まるひじゅつ》とか、テストの成績《せいせき》をぐんとアップさせる㊙術《まるひじゅつ》とかがあれば、いいのですけれどね。

第《だい》五章《しょう》

もののけ&《アンド》怨霊《おんりょう》!?伝説《でんせつ》

平将門《たいらのまさかど》の首伝説《くびでんせつ》とは？

平将門《たいらのまさかど》は、第《だい》五十代桓武天皇《だいかんむてんのう》から、五代後《だいのち》の末裔《まつえい》とされています。平氏《へいし》の姓《せい》をさずけられた高望王《たかもちおう》の三男《さんなん》で、鎮守府将軍《ちんじゅふしょうぐん》、平良将《たいらのよしまさ》の子《こ》だった将門《まさかど》は、父《ちち》の遺産《いさん》をめぐって、伯父《おじ》の国香《くにか》とあらそいました。

伯父《おじ》を殺《ころ》した将門《まさかど》は、常陸《ひたち》（茨城県《いばらきけん》）の国府《こくふ》をおそって、関東一円《かんとういちえん》を支配下《しはいか》におさめました。そして、朱雀天皇《すざくてんのう》に対抗《たいこう》して、みずから「新皇《しんのう》」と名《な》のったのです。

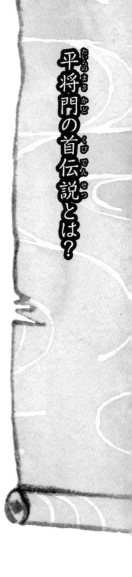

「将門《まさかど》が、むほんをおこした」

この「将門《まさかど》の乱《らん》」にたいして、朝廷《ちょうてい》は討伐《とうばつ》を命《めい》じました。平貞盛《たいらのさだもり》と俵藤太《たわらのとうた》（藤原秀郷《ふじわらのひでさと》）ら、朝廷《ちょうてい》にしたがう連合軍《れんごうぐん》をむかえ討《う》とうと、「新皇《しんのう》」の将門《まさかど》は、けんめいに戦《たたか》います。

しかし、最後《さいご》の戦《たたか》いで、走《はし》っていた馬《うま》の脚《あし》がみだれ、飛《と》んできた矢《や》にひたいを射《い》ぬかれ、討《う》ち死《じ》にしました。

将門《まさかど》の首《くび》は、平安京《へいあんきょう》へはこばれ、七条河原《しちじょうがわら》で、さらし首《くび》になりました。

「おうっ。なんたることじゃ」

「おそろしいのう」

ふしぎなことに、将門《まさかど》の首《くび》は、何《なん》か月《げつ》たっても、変色《へんしょく》しないままで、その目《め》は、かっとみひらかれ、歯《は》ぎしりしているようでした。

「奇《き》っ怪《かい》なことじゃ」

ある日《ひ》、歌人《かじん》の藤六左近《ふじろくさこん》が、将門《まさかど》の首《くび》をみて、歌《うた》を詠《よ》みました。

――将門《まさかど》は　こめかみよりぞ　斬《き》られける　俵藤太《たわらのとうた》が　はかりごとにて

(将門《まさかど》は、俵藤太《たわらのとうた》のはかりごとによって、こめかみから斬《き》られてしまったことよ)

すると、地《じ》ひびきがして、稲妻《いなづま》が走《はし》り、将門《まさかど》の首《くび》がさけんだのです。

「斬《き》られたわたしの体《からだ》は、どこにあるのだ！　ここへこい！　首《くび》をつないで、いま一度《いちど》、いくさしようぞ！」

このさけび声《ごえ》は、京中《みやこじゅう》に、毎晩《まいばん》とどろき、人々《ひとびと》はおそれおののきました。

そして、ある夜《よる》、将門《まさかど》の首《くび》は、うしなわれた胴体《どうたい》をもとめて、空《そら》を飛《と》んだのです。

「どこだっ！　わたしの胴体《どうたい》は、どこだっ！」

首《くび》はさけびながら、関東《かんとう》めざして、飛《と》んでいきました。

そして、ついに力《ちから》つきて、落下《らっか》したところが、いまの東京都千代田区大手町《とうきょうとちよだくおおてまち》にある「平将門《たいらのまさかど》の首塚《くびづか》」といわれているのです。

ただし、その首《くび》が落《お》ちたとされる場所《ばしょ》は、東京《とうきょう》だけではありません。岐阜県《ぎふけん》の御首神社《みくびじんじゃ》や、南宮神社《なんぐうじんじゃ》（いまの南宮大社《なんぐうたいしゃ》）など、各地《かくち》に首伝説《くびでんせつ》がのこっているのです。

「将門《まさかど》の首《くび》は、いまも、うしなわれた胴体《どうたい》をさがして、日本中《にほんじゅう》をさまよっている」

そういわれていたりしますが、さて、ほんとうのところ、
将門《まさかど》の首《くび》はどうなったのでしょうか。
みなさんは、どう考《かんが》えますか？

小《お》野《のの》小《こ》町《まち》の髑髏《しゃれこうべ》を、在《あり》原《わらの》業《なり》平《ひら》がみつけた？

小野小町《おののこまち》は、日本《にほん》を代表《だいひょう》する美女《びじょ》のひとりです。

そればかりか、「クレオパトラ」「楊貴妃《ようきひ》」とならんで、「世界三大美女《せかいさんだいびじょ》のひとり」ともてはやされることも、あります。

歌人《かじん》としても、よく知《し》られていて、和歌《わか》にひいでた「六歌仙《ろっかせん》」のひとりとして、『百人一首《ひゃくにんいっしゅ》』に、有名《ゆうめい》な歌《うた》がのこっています。

――花《はな》の色《いろ》は　うつりにけりな　いたづらに　わが身世《みよ》にふる　ながめせしまに

（あれほどうつくしく咲《さ》いていた花《はな》も、いつのまにかしおれてしまったように、わたしの身《み》も同《おな》じ、ぼんやりと生《い》きているうちに、花《はな》の盛《さか》りをすぎてしまいました）

また、この歌《うた》がもともとおさめられていた『古今和歌集《こきんわかしゅう》』には、情熱的《じょうねつてき》な恋《こい》の歌《うた》がほかにものこっています。

――思《おも》ひ《(い)》つつ　寝《ね》ればや　人《ひと》の見《み》えつらむ《(ん)》　夢《ゆめ》と知《し》りせば　覚《さ》めざらましを

(あのかたを思《おも》いながら寝《ね》たら、あのかたがあらわれてきました。夢《ゆめ》と知《し》っていたら、覚《さ》めないようにしたものを)

――うたた寝《ね》に　恋《こい》しき人《ひと》を　見《み》てしより　夢《ゆめ》てふ《(ちょう)》ものは　たのみそめてき

(うたた寝《ね》をしていて、恋《こい》しい人《ひと》の夢《ゆめ》を見《み》た。それからというもの、恋《こい》しい人《ひと》に会《あ》うのに、夢《ゆめ》はたのみになるものと思《おも》っています)

情感《じょうかん》ゆたかな歌《うた》を歌《うた》う小野小町《おののこまち》は、きわだったうつくしさで、多《おお》くの平安貴族《へいあんきぞく》の男性《だんせい》に、もてはやされました。

さぞかし、たくさんの恋《こい》をかさねたのではないかと、考《かんが》えられますが、もっとも有名《ゆうめい》な恋《こい》のエピソードは、深草《ふかくさ》の少将《しょうしょう》とのあいだでかわされた約束《やくそく》、『百夜通い《ももよがよい》』でしょう。

ふとしたきっかけで、小町《こまち》をみそめた深草《ふかくさ》の少将《しょうしょう》にいいよられた小町《こまち》は、こういいます。

「百日百夜《ひゃくにちひゃくや》、わたしの家《いえ》へ一日《にち》も休《やす》まずにかよってこられたなら、あなたの思《おも》いを聞《き》きとどけることにします」

そこで、深草《ふかくさ》の少将《しょうしょう》はせっせとかよいつづけます。

しかし、九十九日《にち》めの夜《よる》、雪《ゆき》がふりしきるなか、体《からだ》の不調《ふちょう》を無理《むり》して、小町《こまち》の家《いえ》へむかった深草《ふかくさ》の少将《しょうしょう》は、とちゅうでたおれ、息《いき》たえてしまいます。

「どうしたのかしら、少将《しょうしょう》は」

いつかしら、深草《ふかくさ》の少将《しょうしょう》のことを愛《あい》しはじめていた小町《こまち》は、その夜《よ》、待《ま》ちつづけます。

「きめたわ。満願《まんがん》の日《ひ》まで、あと一日《にち》あるけれど、今夜《こんや》こそ、会《あ》うわ」

けれど、どんなに待《ま》っても、深草《ふかくさ》の少将《しょうしょう》がおとずれてくることはなかったのです。小町《こまち》の恋《こい》の物語《ものがたり》は、みのらないままに終《お》わったのでした。

そして数十年《すうねん》がすぎ……いくつもの恋《こい》をへてきた、さしもの美女《びじょ》、小町《こまち》にも、ようしゃなく、「老《お》い」はしのびよってきました。

年《とし》をとるにつれ、その姿《すがた》は、どうなっていったのでしょう。

平安時代《へいあんじだい》に、小野小町《おののこまち》をモデルにして書《か》かれたとされる『玉造小町子壮衰書《たまつくりこまちしそうすいしょ》』には、こんな残酷《ざんこく》な描写《びょうしゃ》があります。

——老女《ろうじょ》はやせおとろえ、その髪《かみ》は、蓬《よもぎ》のようにぼうぼうで、その肌《はだ》は、凍《こお》りついて、しなびた梨《なし》のようだった。骨《ほね》は飛《と》びでて、顔《かお》は黒《くろ》ずみ、歯《は》は黄《き》ばみ、裸足《はだし》で着《き》るものもなく、声《こえ》はふるえ、しゃべることさえできない。足《あし》はおぼつかなく、歩《ある》くことさえできない。朝晩《あさばん》の食事《しょくじ》もなく、いつ死《し》ぬかもわからない……。

ぞっとするような文章《ぶんしょう》ですが、これを書《か》いたのは、なんと、あの弘法大師《こうぼうだいし》、空海《くうかい》だといわれているのです。しかも、空海自身《くうかいじしん》が、老《お》いさらばえた小野小町《おののこまち》に会《あ》って、この書《しょ》を書《か》いたというのです。

「よいかな、この世《よ》は、老《ろう》・病《びょう》・死《し》・苦《く》でできておる。すべては無常《むじょう》（ずっと同《おな》じではない）なのじゃ。そなたは、身《み》の不幸《ふこう》をなげいてはならぬぞ」

空海《くうかい》は、老女《ろうじょ》をそうさとしました。

「尊《とうと》い教《おし》えをいただき、ありがとうございます。どうか、この身《み》を、極楽浄土《ごくらくじょうど》へとおみちびきくださりませ」

老女《ろうじょ》は、やせおとろえた手《て》をあわせて、空海《くうかい》にたのみます。

「それならば……」

と、空海《くうかい》は魂《たましい》を浄土《じょうど》へとおくる経文《きょうもん》をとなえ、老女《ろうじょ》は笑《え》みをたたえて、しずかに息《いき》たえました。

そして、月日《つきひ》はながれていったのです。

しかし、小町伝説《こまちでんせつ》は、そこで終《お》わりではなかったのです。

その生涯《しょうがい》を、はげしい恋《こい》についやしたとされる、まさに日本《にほん》を代表《だいひょう》するモテ男《おとこ》ともいうべき、歌人《かじん》で公家《くげ》の男性《だんせい》スター、在原業平《ありわらのなりひら》が、陸奥国玉造郡《むつのくにたまつくりぐん》（宮城県大崎市《みやぎけんおおさきし》）に旅《たび》したときのことでした。

さびしい山道《やまみち》でした。日《ひ》も暮《く》れてきて、秋風《あきかぜ》が、ひゅうひゅうと吹《ふ》いてきて、業平《なりひら》はえりを立《た》てて、今夜《こんや》の宿《やど》となる寺《てら》をめざして、道《みち》をいそぎました。

そのとき、風《かぜ》が鳴《な》りました。それは、業平《なりひら》の耳《みみ》に、こう聴《き》こえたのです。

――花《はな》の色《いろ》は……うつりにけりな……いたづらに……わが身世《みよ》にふる……ながめせしまに……。

「まさか」

業平《なりひら》は耳《みみ》をそばだてました。

「あれは、風《かぜ》の声《こえ》か？　それとも……」

立《た》ちどまって、あたりをみまわしていると、草《くさ》むらのなかに、ひとつの髑髏《しゃれこうべ》（ガイコツの頭《あたま》、ドクロ）をみつけたのです。

はっとして、近《ちか》よると、ぽっかりと空《あ》いた髑髏《しゃれこうべ》の口《くち》から、それが聴《き》こえてきました。

「……花《はな》の色《いろ》は……うつりにけりな……」

業平《なりひら》はひざまずき、その髑髏《しゃれこうべ》を両手《りょうて》で、そっともちあげて、つぶやきました。

「なんと、小野小町《おののこまち》どのか。このようなありさまになられたとは……」

さて、在原業平《ありわらのなりひら》が陸奥《むつ》でみつけたのが、ほんとうに小野小町《おののこまち》の髑髏《しゃれこうべ》であったのか、どうか、それは、よくわかりません。

「空海《くうかい》によって、ちゃんと成仏《じょうぶつ》したはずの、小町《こまち》の髑髏《しゃれこうべ》に会《あ》った」というのは、すこし無理《むり》な話《はなし》のようにも思《おも》われます。

それに、もしかしたら、業平《なりひら》の耳《みみ》に聴《き》こえたように思《おも》えた恋《こい》の歌《うた》も、じつは幻聴《げんちょう》だったのかもしれませんし、風《かぜ》のいたずらだったのかもしれません。

いずれにしても、人《ひと》の世《よ》の無常《むじょう》を伝《つた》える、この小野小町《おののこまち》伝説《でんせつ》を、みなさんはどう思《おも》いますか？

膝《ひざ》にできた『人面瘡《じんめんそう》』が、ごはんを食《た》べた？

ときは、元禄《げんろく》十六年《ねん》（一七〇三）、あの『忠臣蔵《ちゅうしんぐら》』の赤穂浪士《あこうろうし》の四十六人《にん》が切腹《せっぷく》した年《とし》のことでした。

山城国《やましろのくに》小椋《おぐら》（京都《きょうと》府《ふ》宇治《うじ》）の農夫《のうふ》が、ある日《ひ》、畑《はたけ》から帰《かえ》ったあと、高熱《こうねつ》を発《はっ》して、寝《ね》こんでしまいました。三か月《げつ》ほども蒲団《ふとん》からおきられず、ようやく熱《ねつ》がひいたので、農夫《のうふ》はおきあがりました。

「あれ？」

農夫《のうふ》は、左《ひだり》の膝《ひざ》がはれあがっているのに気《き》づきました。そして、そのはれものは、すこし痛《いた》みもあったのです。

「まあ、そのうちはれもひいて、痛《いた》みも消《き》えるだろう」

そう思《おも》って、ほったらかしているうちに、はれものはどんどん大《おお》きくなっていき、それにともなって強《つよ》い痛《いた》みをかんじるようになりました。しかも、よくよくみると、そのはれものには、人《ひと》の顔《かお》のような、目《め》と口《くち》ができているようでした。

「なんだ、これは」

農夫《のうふ》はいぶかしく思《おも》いましたが、それでも、ほったらかしにしておきました。するとある晩《ばん》のことでした。農夫《のうふ》が酒《さけ》を飲《の》んでいると、膝《ひざ》にできた顔《かお》が、なにかうったえているように、みえました。口《くち》をぱっくりとあけて、なにか催促《さいそく》しているようでした。

「おまえも、飲《の》みたいのか」

農夫《のうふ》は酔《よ》ったいきおいで、おもしろ半分《はんぶん》、膝《ひざ》の顔《かお》に酒《さけ》をながしこんでみました。すると、膝《ひざ》の顔《かお》はまるで酒《さけ》に酔《よ》ったように、赤《あか》くなったのです。

「ほう、おまえは、いける口《くち》か」

そういって、農夫《のうふ》は、今度《こんど》は飯《めし》をあたえてみました。すると、膝《ひざ》の顔《かお》は、口《くち》をもぐもぐと動《うご》かして、ごくんと飲《の》みこみました。

「お、痛《いた》みが消《き》えている」

農夫《のうふ》はおどろきました。膝《ひざ》に顔《かお》ができてからというもの、一時《いっとき》もやむことなく、つづいていた痛《いた》みが、すっかり消《き》えていたのです。

「たすかった、ぐっすり眠《ねむ》れるぞ」

けれど、あくる朝《あさ》、めざめてみると、前《まえ》とはくらべものにならないくらいの、ずきずきした痛《いた》みがおそってきました。

農夫《のうふ》が、ためしに、膝《ひざ》の顔《かお》に食《た》べ物《もの》をあたえてみると、痛《いた》みは、すうっとひいていきました。

「なんだ、おまえが腹《はら》がすくと、わしの膝《ひざ》が痛《いた》むのか」

それからというもの、農夫《のうふ》は、膝《ひざ》が痛《いた》むと、食《た》べ物《もの》をあたえるようになりました。

けれど、そのうちに、膝《ひざ》の顔《かお》は、たえず口《くち》をぱくぱくさせて、「くれ、くれ」といわんばかりに、食《た》べ物《もの》をほしがるようになりました。

「しょうがないな」

農夫《のうふ》は、膝《ひざ》の顔《かお》が口《くち》をぱくぱくさせるたびに、食《た》べ物《もの》をあたえつづけました。しかし、膝《ひざ》の顔《かお》は、すぐに腹《はら》をすかし、農夫《のうふ》をこまらせるのでした。

こうして、はじめのころは青《あお》ざめていた膝《ひざ》の顔《かお》は、どんどん血色《けっしょく》がよくなり、つやつやとかがやいてきました。それとは反対《はんたい》に、農夫《のうふ》は顔色《かおいろ》が悪《わる》くなり、みるみる痩《や》せこけていきました。

「だめだ、わしは呪《のろ》われてしまった」

農夫《のうふ》は、死《し》をかくごしました。

すると、ある日《ひ》のこと、托鉢《たくはつ》をしていた、ひとりの僧《そう》が農夫《のうふ》の家《いえ》の前《まえ》をとおりかかったのです。

そのとき、農夫《のうふ》は痩《や》せさらばえて寝《ね》こみ、膝《ひざ》の痛《いた》みにたえかねて、うわごとをいいつづけていました。

「こいつめ、こいつめ。わしを呪《のろ》っているこいつめ」

僧《そう》は、農夫《のうふ》のうわごとを聞《き》き、家《いえ》にあがりこみました。そして、農夫《のうふ》の姿《すがた》をみて、おどろきました。

「これは、『人面瘡《じんめんそう》』じゃ」

僧《そう》は、農夫《のうふ》にいいました。

「この病《やま》いは、かんたんにはなおらぬ。しかし、なおす方法《ほうほう》はあるぞ」

農夫《のうふ》は、僧《そう》の言葉《ことば》を信《しん》じて、田畑《たはた》をすべて売《う》りはらい、それでつくった金《かね》を、僧《そう》にわたしました。

「うむ。これだけあれば」

僧《そう》は、ありとあらゆる珍《めずら》しい薬《くすり》を買《か》いそろえました。そして、かたっぱしから、薬《くすり》を人《じん》面瘡《めんそう》に飲《の》ませました。

「まずは、呪散丹《じゅさんたん》じゃ」

人面瘡《じんめんそう》は、ぱくっと、飲《の》んでしまいました。

「つぎは、悪逃飛《あくちょうひ》じゃ」

これも、人面瘡《じんめんそう》は、一口《ひとくち》で飲《の》みこみました。

こうして、僧《そう》のあたえる薬《くすり》を、人面瘡《じんめんそう》はどんどん飲《の》みこんでいきました。ところが、真《しん》珠貝《じゅがい》を粉末《ふんまつ》にした、ある薬《くすり》だけは、口《くち》を閉《と》ざして、いやがりました。

「ほう、そなたは、貝母《ばいも》を飲《の》まぬのか」

僧《そう》はふかくうなずき、人面瘡《じんめんそう》の口《くち》を、ぐっとあけさせて、貝母《ばいも》をどっとながしこみました。すると、人面瘡《じんめんそう》は口《くち》をゆがめ、顔《かお》をしかめて、苦《くる》しみました。それから、口《くち》から白《しろ》い泡《あわ》を吹《ふ》きだしました。

「よし、これでなおった」

僧《そう》は、つぶやきました。

「ありがとうございます」

農夫《のうふ》は、感謝《かんしゃ》しました。膝《ひざ》の痛《いた》みは、すっかりなくなっていたのです。

それから数日《すうじつ》たつと、人面瘡《じんめんそう》は消《き》え、小《ちい》さなカサブタになっていました。農夫《のうふ》は、もとのように、元気《げんき》になり、畑《はたけ》に出《で》て、はたらけるようになりました。

という、かなり不気味《ぶきみ》な話《はなし》が、元禄《げんろく》の世《よ》にのこっていますが、これって、ほんとうにおきたことなのでしょうか。

そもそも、僧《そう》がいった『人面瘡《じんめんそう》』という、呪《のろ》いとも病《やま》いともつかない奇病《きびょう》は、はたして、この世《よ》に存在《そんざい》するのでしょうか。

じつは、『人面瘡《じんめんそう》』についての話《はなし》は、世界中《せかいじゅう》で語《かた》りつがれているのです。

かなり怖《こわ》い話《はなし》ですが、みなさんは、どう思《おも》いますか？

コラム

菅原道真《すがわらのみちざね》のたたりとは？

菅原道真《すがわらのみちざね》は、学問《がくもん》の神《かみ》さまといわれています。京都《きょうと》の北野天満宮《きたのてんまんぐう》や、福岡《ふくおか》の太宰府天満宮《だざいふてんまんぐう》には、「天神《てんじん》さま」である道真公《みちざねこう》がまつられていて、受験生《じゅけんせい》たちは「どうか、めざす学校《がっこう》に入《はい》れますように」「よい成績《せいせき》がとれますように」と、合格祈願《ごうかくきがん》・学習祈願《がくしゅうきがん》にやってきます。

しかし、道真《みちざね》には、もうひとつの顔《かお》があるのです。それは、おそろしい「たたり」と「災《わざわ》い」をもたらす魔人《まじん》の顔《かお》です。

もともと道真《みちざね》は、平安時代《へいあんじだい》に、文章博士《もんじょうはかせ》から右大臣《うだいじん》にまでのぼりつめた優秀《ゆうしゅう》な学者《がくしゃ》であり、役人《やくにん》でした。しかし、当時《とうじ》、朝廷《ちょうてい》の権力《けんりょく》をほしいままにしていた藤原北家《ふじわらほっけ》、それを代表《だいひょう》する左大臣《さだいじん》の藤原時平《ふじわらのときひら》にきらわれ、大宰府《だざいふ》に左遷《させん》されてしまうのです。

「なんという、悲《かな》しいことだ。都《みやこ》へ帰《かえ》りたい」

道真《みちざね》はなげきますが、結局《けっきょく》、都《みやこ》へ帰《かえ》ることなく、大宰府《だざいふ》で息《いき》をひきとります。

すると、道真《みちざね》の死後《しご》、都《みやこ》では地震《じしん》・雷《かみなり》・火災《かさい》などの天変地異《てんぺんちい》がつぎつぎとおこるのです。天皇《てんのう》の皇子《おうじ》がたてつづけに病死《びょうし》したり、清涼殿《せいりょうでん》に雷《かみなり》が落《お》ちて、多《おお》くの死傷者《ししょうしゃ》が出《で》たりします。

「これは、道真《みちざね》のたたりだ」

「天神《てんじん》さま、おゆるしください」

と、道真《みちざね》の怒《いか》りをしずめようと、朝廷《ちょうてい》は、北野《きたの》に天満宮《てんまんぐう》をたてました。

それが全国《ぜんこく》にひろまり、やがて、菅原道真《すがわらのみちざね》は「たたる魔人《まじん》・荒《あ》らぶる神《かみ》」か

ら「学問《がくもん》の神《かみ》さま」に、なっていったのです。
「学者《がくしゃ》」→「魔人《まじん》」→「神《かみ》」と、道真公《みちざねこう》の転身《てんしん》ぶりには、おどろきますね。

第《だい》六章《しょう》

真《しん》相《そう》を知《し》りたい!?伝《でん》説《せつ》

安倍晴明《あべのせいめい》は、ふしぎな力《ちから》をもっていた？

京都《きょうと》にある晴明神社《せいめいじんじゃ》は、いまでも、若《わか》い女性《じょせい》たちに大人気《だいにんき》です。

「美男《びなん》の陰陽師《おんみょうじ》で、ふしぎな力《ちから》をもっていて、かっこいい！」

「お参《まい》りすれば、ご利益《りやく》がありそう」

というわけですが、日本史上最大《にほんしじょうさいだい》の霊力《れいりょく》をもつ陰陽師《おんみょうじ》といわれる安倍晴明《あべのせいめい》は、ほんとうにふしぎな力《ちから》をもっていたのでしょうか？

もともと、陰陽師《おんみょうじ》とは、暦《こよみ》や天《てん》の星《ほし》をよみ、それによる占《うらな》いをおこなう職業《しょくぎょう》でした。いわば、国家《こっか》や人々《ひとびと》のために、災《わざわ》いをさけて、未来《みらい》を予測《よそく》するという仕事《しごと》をになっていたのです。

しかし、安倍晴明《あべのせいめい》は、そうした占《うらな》いだけでなく、もっとふしぎな

ことに力《ちから》を発揮《はっき》したといわれているのです。

『今昔物語集《こんじゃくものがたりしゅう》』や『宇治拾遺物語《うじしゅういものがたり》』などによれば、晴明《せいめい》は、こんな力《ちから》をみせています。

一、紙《かみ》に霊力《れいりょく》を吹《ふ》きこんで、鳥《とり》のかたちをした式神《しきがみ》をつくり、それをあやつって、人《ひと》の運命《うんめい》をかえた。

二、呪文《じゅもん》をとなえて草《くさ》の葉《は》を落《お》とすと、カエルはぺしゃんこになって、つぶれて死《し》んだ。

三、美男子《びなんし》の蔵人少将《くろうどしょうしょう》が式神《しきがみ》を飛《と》ばされ、呪殺《じゅさつ》されそうになっているので、晴明《せいめい》は一晩《ひとばん》じゅう、少将《しょうしょう》をだきしめて呪文《じゅもん》をとなえ、命《いのち》をすくった。呪《のろ》いをかけた陰陽師《おんみょうじ》は、呪《のろ》いの式神《しきがみ》を返《かえ》され、その朝《あさ》に急死《きゅうし》した。

これらは晴明《せいめい》にまつわる、たくさんの伝説《でんせつ》の一部《いちぶ》ですが、じっさいの晴明《せいめい》はどんな人物《じんぶつ》だったのでしょうか。

晴明《せいめい》が歴史上《れきしじょう》の記録《きろく》にはじめて登場《とうじょう》するのは、天徳四年《てんとくねん》（九六〇）のことです。宮中《きゅうちゅう》の火災《かさい》でうしなわれた遣唐使《けんとうし》の節刀《せっとう》のかたちについて、陰陽道《おんみょうどう》をつかさどる役所《やくしょ》、陰陽寮《おんみょうりょう》の学生《がくせい》だった晴明《せいめい》が、言上《ごんじょう》したというものです。このとき、晴明《せいめい》は四十歳《さい》でした。

陰陽寮《おんみょうりょう》の役職《やくしょく》のひとつである、「天文博士《てんもんはかせ》」に昇進《しょうしん》したのは、天延二年《てんえんねん》（九七四）のことで、晴明《せいめい》はすでに五十四歳《さい》になっていました。

当時《とうじ》、最先端《さいせんたん》の呪術《じゅじゅつ》、科学《かがく》だった陰陽道《おんみょうどう》のエキスパートとして、晴明《せいめい》は、それから八十五歳《さい》で亡《な》くなるまで、宮中《きゅうちゅう》での、さまざまな占《うらな》いや、祈禱《きとう》、儀式《ぎしき》にたずさわりました。

とりわけ、花山天皇《かざんてんのう》や、「御堂関白《みどうかんぱく》」とよばれた藤原道長《ふじわらのみちなが》に気《き》にいられ、おおいに活躍《かつやく》したのです。

『古事談《こじだん》』には、こんなエピソードがあります。

花山天皇《かざんてんのう》は、なぜか雨《あめ》がふると、頭《あたま》が痛《いた》くなるという持病《じびょう》に苦《くる》しんでいました。そこで、晴明《せいめい》をよんで、占《うらな》わせたのです。

晴明《せいめい》は占《うらな》ったあと、花山天皇《かざんてんのう》にいいました。

「わかりました。帝《みかど》は、前世《ぜんせ》が大峰山《おおみねさん》（奈良県《ならけん》）の行者《ぎょうじゃ》であらせられました。行者《ぎょうじゃ》のその髑髏《しゃれこうべ》が、谷底《たにぞこ》の岩《いわ》にはさまったままになっており、雨《あめ》がふると、岩《いわ》がふくれて、髑髏《しゃれこうべ》を圧迫《あっぱく》するために、頭痛《ずつう》がおこるのでございます」

花山天皇《かざんてんのう》は、晴明《せいめい》がつげた場所《ばしょ》に、人《ひと》をつかわしました。すると、そこには、たしかにひとつの髑髏《しゃれこうべ》が岩《いわ》のあいだにはさまっていたのです。

髑髏《しゃれこうべ》をとりだして、ていちょうに供養《くよう》すると、花山天皇《かざんてんのう》の頭痛《ずつう》は、ぴたりとおさまったのでした。

さらに、『宇治拾遺物語《うじしゅういものがたり》』には、こんな話《はなし》が書《か》いてあります。

藤原道長《ふじわらのみちなが》は、毎日法成寺《まいにちほうじょうじ》を参拝《さんぱい》していました。ところが、ある日《ひ》、門《もん》をくぐろうとすると、お供《とも》の白犬《しろいぬ》が吠《ほ》えたり、裾《すそ》を噛《か》んだりして、寺《てら》に入《はい》るのを邪魔《じゃま》したのです。

「どういうことであろうか？」

道長《みちなが》は、晴明《せいめい》に占《うらな》わせました。すると、占《うらな》いによって、あることがわかりました。

「左大臣《さだいじん》さま（道長《みちなが》）を呪《のろ》ったものが、道《みち》にうまっておるのでございます」

晴明《せいめい》がしめした場所《ばしょ》を掘《ほ》ってみると、朱文字《しゅもじ》で書《か》かれた土器《どき》が出《で》てきました。晴明《せいめい》は、それをみて、

「これは、道摩法師《どうまほうし》が呪《のろ》ったものでしょう」

といって、ふところから紙《かみ》をとりだし、それを鳥《とり》の姿《すがた》に結《むす》んで、呪文《じゅもん》とともに、空《そら》に投《な》げました。すると紙《かみ》は、白鷺《しらさぎ》に変身《へんしん》して、南方《なんぽう》へ飛《と》んでいきました。召使《めしつかい》が白鷺《しらさぎ》を追《お》っていくと、白鷺《しらさぎ》は道摩法師《どうまほうし》の家《いえ》に落《お》ちました。

とらえられた道摩法師《どうまほうし》は、左大臣《さだいじん》の藤原顕光《ふじわらのあきみつ》にたのまれて、道長《みちなが》を呪詛《じゅそ》したことを、告白《こくはく》したのでした。

このように、晴明《せいめい》が力《ちから》のある「陰陽師《おんみょうじ》・天文博士《てんもんはかせ》」として、宮中《きゅうちゅう》につとめていたころは、華《はな》やかな貴族文化《きぞくぶんか》の時代《じだい》でした。

あの『枕草子《まくらのそうし》』を書《か》いた清少納言《せいしょうなごん》や、『源氏物語《げんじものがたり》』を書《か》いた紫式部《むらさきしきぶ》、すぐれた歌《うた》を数多《かずおお》く詠《よ》んだ和泉式部《いずみしきぶ》らが、世界《せかい》にほこるべき「王朝女流文学《おうちょうじょりゅうぶんがく》」をけんらんと花《はな》ひらかせて、朝廷《ちょうてい》で活躍《かつやく》したころだったのです。

けれど、……それにしては、彼女《かのじょ》たちの日記《にっき》や、随筆《ずいひつ》には、なぜか晴明《せいめい》の名《な》は一行《ぎょう》もありません。晴明《せいめい》がほんとうにふしぎな力《ちから》をはっきりして、まわりをおどろかせていたのなら、女流文学者《じょりゅうぶんがくしゃ》の目《め》に、きっととまるはずで、彼女《かのじょ》たちなら、かっこうのネタと考《かんが》えるであろうと思《おも》われるのですが、どういうわけか、そうではないのです。

晴明《せいめい》にまつわる伝説《でんせつ》が、数多《かずおお》く書《か》かれるようになったのは、晴明《せいめい》が死《し》んでから百年《ねん》ほどがたったころからです。

陰陽師《おんみょうじ》のなかから、声聞師《しょうもんじ》といわれる、物語《ものがたり》を読《よ》み聞《き》かせる者《もの》たちがあらわれました。晴明《せいめい》の末裔《まつえい》と考《かんが》えられる「土御門《つちみかど》」一門《いちもん》である彼《かれ》ら、声聞師《しょうもんじ》は、こう考《かんが》えました。

――われら陰陽師《おんみょうじ》は、災《わざわ》いをさける役割《やくわり》をになっているために、「災《わざわ》い、すなわち、ケガレ」をになう者《もの》とされ、ともすれば、差別《さべつ》されてしまう。これではいけない。われらの先人《せんじん》には、貴族《きぞく》たちもその力《ちから》にひれふす、偉大《いだい》な陰陽師《おんみょうじ》がいた。その名《な》は、われらの先祖《せんぞ》である安倍晴明《あべのせいめい》。その伝説《でんせつ》をかたり聞《き》かそうではないか。

そう思《おも》った声聞師《しょうもんじ》らが、晴明《せいめい》にまつわる説話《せつわ》を、あれこれと、ふんだんに「話《はなし》を盛《も》って」かたったのではないか。そして、それらの説話《せつわ》が、『今昔物語集《こんじゃくものがたりしゅう》』や『古事談《こじだん》』、『宇《う》治拾遺物語《じしゅういものがたり》』などに書《か》きとめられていったのではないかと、考《かんが》えられるのです。

いわば、安倍晴明《あべのせいめい》は、ともすれば低《ひく》い身分《みぶん》にみられ、「ケガレ」をになった者《もの》として差《さ》別《べつ》されていた陰陽師《おんみょうじ》（声聞師《しょうもんじ》）を、格《かく》あげするために、後年《こうねん》の陰陽師《おんみょうじ》（声聞師《しょうもんじ》）たちによって、貴族社会《きぞくしゃかい》のヒーローとして、まつりあげられた存在《そんざい》だったのかも、しれません。

というわけで、晴明《せいめい》がほんとうにふしぎな力《ちから》をもっていたかどうか。それは、ほんとうのところ、よくわからないのです。

けれど、力《ちから》があったか、なかったか、事実《じじつ》はどうあれ、安倍晴明《あべのせいめい》を「伝説《でんせつ》に生《い》きる、王《おう》朝《ちょう》のスーパースター」と考《かんが》えても、悪《わる》くないと思《おも》うのですが、どうでしょう？

「どうぞ、晴明《せいめい》さま。そのお力《ちから》を、すこし分《わ》けてください」

と、晴明神社《せいめいじんじゃ》にお参《まい》りしても、いいのではないでしょうか。

みなさんは、どう思《おも》いますか？

秀吉《ひでよし》の墨俣《すのまた》一夜城《いちやじょう》って、ほんとの話《はなし》？

「信長《のぶなが》さま。この猿《さる》めに、おまかせくださりませ」

永禄《えいろく》九年《ねん》（一五六六）、美濃《みの》（岐阜県《ぎふけん》）攻《ぜ》めにあたって、そのころ、めきめきと頭角《とうかく》をあらわしていた木下藤吉郎《きのしたとうきちろう》（秀吉《ひでよし》）が、あるじの織田信長《おだのぶなが》にもうしいれます。

長良川《ながらがわ》の西《にし》の岸《きし》、墨俣《すのまた》の地《ち》は、美濃《みの》を攻《せ》めるための拠点《きょてん》として、ぜっこうの位置《いち》にありました。

ここに城《しろ》をきずければ、美濃《みの》を攻《せ》めとることができると考《かんが》えた信長《のぶなが》は、まず、重臣《じゅうしん》の佐《さ》久間《くま》信盛《のぶもり》に、ついで、剛腕《ごうわん》の柴田勝家《しばたかついえ》に、城《しろ》をつくるように命《めい》じました。

ところが、城《しろ》をつくろうとしていると、美濃《みの》の軍勢《ぐんぜい》が、どっとおそいかかってきて、撃《げき》退《たい》されてしまい、信盛《のぶもり》も、勝家《かついえ》も、城《しろ》づくりに失敗《しっぱい》してしまいます。

「ええい、そろいもそろって、役《やく》たたずどもめ！」

信長《のぶなが》が怒《いか》りで、こめかみに青筋《あおすじ》をたてていると、そのとき、猿《さる》とよばれていた藤吉郎《とうきちろう》が、自分《じぶん》にまかせてくれと、胸《むね》をはったのです。

「猿《さる》、そちにまかせろというのか」

信長《のぶなが》は藤吉郎《とうきちろう》をにらみつけて、いいました。

「はっ」

「しくじったら、首《くび》をはねるぞ、猿《さる》」

「猿《さる》がしくじったら、いかようにもしてくださりませ。かならず、猿《さる》が墨俣《すのまた》に城《しろ》をきずきあげてごらんにいれます」

藤吉郎《とうきちろう》は、土豪《どごう》の蜂須賀小六正勝《はちすかころくまさかつ》らの協力《きょうりょく》をえて、墨俣城《すのまたじょう》の建造準備《けんぞうじゅんび》をします。

それは、おどろくべき築城方法《ちくじょうほうほう》でした。

まず、長良川《ながらがわ》の上流《じょうりゅう》で、あらかじめ材木《ざいもく》を組《く》みたてておいたのです。

そして、六月中旬《がつちゅうじゅん》、雨《あめ》がはげしくふっている夜《よる》に、上流《じょうりゅう》から墨俣《すのまた》に、組《く》みたてた材木《ざいもく》をながし、おおぜいの野武士《のぶし》たちをはたらかせて、一夜《いちや》にして、城《しろ》をきずきあげました。

まさに、馬出《うまだ》し（城門《じょうもん》の外《そと》に半円形《はんえんけい》にきずいた土手《どて》）、柵《さく》、逆茂木《さかもぎ》（とがらせた木《き》の枝《えだ》をならべた柵《さく》）などをそなえた、りっぱな城《しろ》が、墨俣《すのまた》に完成《かんせい》したのです。

「ようやった、猿《さる》。ほうびをつかわす」

信長《のぶなが》は、藤吉郎《とうきちろう》に、大枚《たいまい》の金銀《きんぎん》をあたえました。

この墨俣一夜城《すのまたいちやじょう》を拠点《きょてん》にして、織田軍《おだぐん》は美濃《みの》を攻《せ》めたてます。そして、信長《のぶなが》はついに念願《ねんがん》の美濃《みの》を手《て》に入《い》れたのでした。

というのが、秀吉《ひでよし》の墨俣一夜城《すのまたいちやじょう》のあらましです。

けれど、この話《はなし》は、ほんとうにおきたことなのでしょうか。

そもそも、この墨俣一夜城《すのまたいちやじょう》の話《はなし》は、寛永《かんえい》十五年《ねん》（一六三八）、徳川家光《とくがわいえみつ》の時代《じだい》に、尾張国《おわりのくに》（愛知県《あいちけん》）の庄屋《しょうや》だった吉田家《よしだけ》の十六代目《だいめ》の孫四郎《まごしろう》がまとめた『武功夜話《ぶこうやわ》』から、とられたエピソードと考《かんが》えられます。

ただし、『武功夜話《ぶこうやわ》』では、秀吉《ひでよし》は、一夜《いちや》にして墨俣城《すのまたじょう》をきずいたのではなく、三日《みっか》できずいたとされています。

三日《みっか》の築城《ちくじょう》が、いつのまにか、一夜城《いちやじょう》となったのは、江戸時代《えどじだい》に書《か》かれた『絵本太閤記《えほんたいこうき》』の、「永禄五年《えいろくねん》に秀吉《ひでよし》が一夜《いちや》で墨俣城《すのまたじょう》を建《た》てたようにみせかけた」という文《ぶん》の影響《えいきょう》をうけたからではないかと、思《おも》われます。

しかし、いずれにせよ、どうもこの一夜城《いちやじょう》の話《はなし》は、ほんとうではなかったようだと、うたがわれているのです。

というのも、信長関係《のぶながかんけい》の史料《しりょう》としては、かなり信頼《しんらい》がおけるとされる『信長公記《しんちょうこうき》』には、一夜城《いちやじょう》の記述《きじゅつ》はありません。

そればかりか、墨俣《すのまた》の地《ち》には、秀吉《ひでよし》がつくったとされるよりも、五年《ねん》も前《まえ》に、すでに城《しろ》があったと書《か》かれているのです。

「秀吉《ひでよし》は、すごいなあ」

「柔軟《じゅうなん》な発想《はっそう》で、あんな城《しろ》をスピーディにつくるなんて、えらいよね」

と、秀吉《ひでよし》の一夜城《いちやじょう》は、彼《かれ》の才能《さいのう》をたたえるエピソードとして、話《はな》されてきました。ところが、それはほんとうではなかったと、いまはいわれているのです。

さあ、秀吉《ひでよし》の一夜城《いちやじょう》、ほんとうだったか、どうか。
みなさんはどう思《おも》いますか？

徳川埋蔵金《とくがわまいぞうきん》は、ほんとうにあるの？

みなさんは、「徳川埋蔵金《とくがわまいぞうきん》」という話《はなし》を、聞《き》いたことはありませんか？
そこを掘《ほ》ると、隠《かく》されていた黄金《おうごん》の小判《こばん》が、ざっくざっくとあらわれてくる。そんな「宝《たから》さがし」のロマンが、この埋蔵金伝説《まいぞうきんでんせつ》には、生《い》きているのです。

慶応《けいおう》四年《ねん》（一八六八、九月《がつ》からは明治元年《めいじがんねん》）。四月《がつ》十一日《にち》。

江戸城《えどじょう》は、無血開城《むけつかいじょう》となりました。三月《がつ》におこなわれた、勝海舟《かつかいしゅう》と西郷隆盛《さいごうたかもり》との話《はな》しあいが、実《み》を結《むす》んだのです。

城《しろ》に入《はい》った新政府軍《しんせいふぐん》は、まず、御金蔵《おかねぐら》へむかいました。

「江戸城《えどじょう》には、大老《たいろう》の井伊直弼《いいなおすけ》があつめた、ばくだいな御用金《ごようきん》がしまわれている。これを、新政府《しんせいふ》の資金源《しきんげん》にしよう」

そう考《かんが》えたからです。

ところが、御金蔵《おかねぐら》は、からっぽでした。

「きっと、幕府《ばくふ》の者《もの》がかくしたのだ。しかし、どこにかくしたのだろう」

新政府軍《しんせいふぐん》は、御用金《ごようきん》さがしをはじめました。

まず、うたがわれたのは、江戸幕府《えどばくふ》で勘定奉行《かんじょうぶぎょう》だった小栗忠順《おぐりただまさ》でした。しかし、小栗《おぐり》は、一家《いっか》そろって、領地《りょうち》の上野国《こうずけのくに》（群馬県《ぐんまけん》）権田村《ごんだむら》にうつり住《す》んでいたところを、閏《うるう》四月《がつ》六日《むいか》、新政府《しんせいふ》の兵《へい》につかまり、ろくにとりしらべもされないまま、首《くび》を斬《き》られていました。

「なんだ、小栗《おぐり》はもう死《し》んでいるではないか」

すると、うわさが飛《と》びました。

「小栗《おぐり》は、権田村《ごんだむら》にひきあげるときに、御用金《ごようきん》をもちだし、赤城山麓《あかぎさんろく》にうめた」

このうわさを信《しん》じて、赤城山麓《あかぎさんろく》の各地《かくち》で、御用金《ごようきん》さがしのための発掘《はっくつ》がおこなわれましたが、みつかりませんでした。

明治九年《めいじくねん》（一八七六）の夏《なつ》。

幕府《ばくふ》の勘定吟味役《かんじょうぎんみやく》だった中島蔵人《なかしまくらんど》が、いまわのきわに、義理《ぎり》の息子《むすこ》の水野智義《みずのともよし》にこういいのこしたというのです。

「大老《たいろう》の井伊直弼《いいなおすけ》に命《めい》じられて、赤城山麓《あかぎさんろく》に、およそ三百六十万両《びゃくまんりょう》をうめた。手《て》がかりは古井戸《ふるいど》のなか……」

さあ、たいへんです。

われも、われもと、赤城山付近《あかぎやまふきん》には、人《ひと》がつめかけました。そして、徳川埋蔵金《とくがわまいぞうきん》さがしの発掘騒《はっくつさわ》ぎとなりました。

そのうえ、埋蔵金《まいぞうきん》の位置《いち》をしるした巻物《まきもの》『大義兵法秘図書《たいぎへいほうのひずしょ》』や、埋蔵《まいぞう》するときに使《つか》った道具《どうぐ》をしるしたとされる文書《ぶんしょ》『萬四目上覺之帳《よろずしめあげおぼえのちょう》』などの、埋蔵金《まいぞうきん》の存在《そんざい》をしめす史料《しりょう》が、つぎつぎと発見《はっけん》されたのです。

現代《げんだい》のお金《かね》にすれば、五千億円以上《せんおくえんいじょう》とされる、徳川埋蔵金《とくがわまいぞうきん》。

いまもテレビ番組《ばんぐみ》などで、おおがかりな「埋蔵金発掘《まいぞうきんはっくつ》プロジェクト」などが、こころみられていますが、けれど、まだ、残念《ざんねん》ながらみつかっていないのが、現状《げんじょう》です。

「赤城山《あかぎやま》ではなく、もっとべつなところに、うめられているのではないか」

そんな情報《じょうほう》も飛《と》びかったりしていますが、ほんとうのところ、徳川埋蔵金《とくがわまいぞうきん》は日本《にほん》のどこかに、ひっそりとだれにも気《き》づかれることなく、うめられているのでしょうか？　それとも、だれかがすでに発見《はっけん》していて、もう、なくなっているのでしょうか？

いずれにせよ、徳川埋蔵金《とくがわまいぞうきん》こそは、夢《ゆめ》をあたえてくれる現代《げんだい》の「宝《たから》さがし」ですが、みなさんも、さがしにいってみたいと思《おも》いませんか。

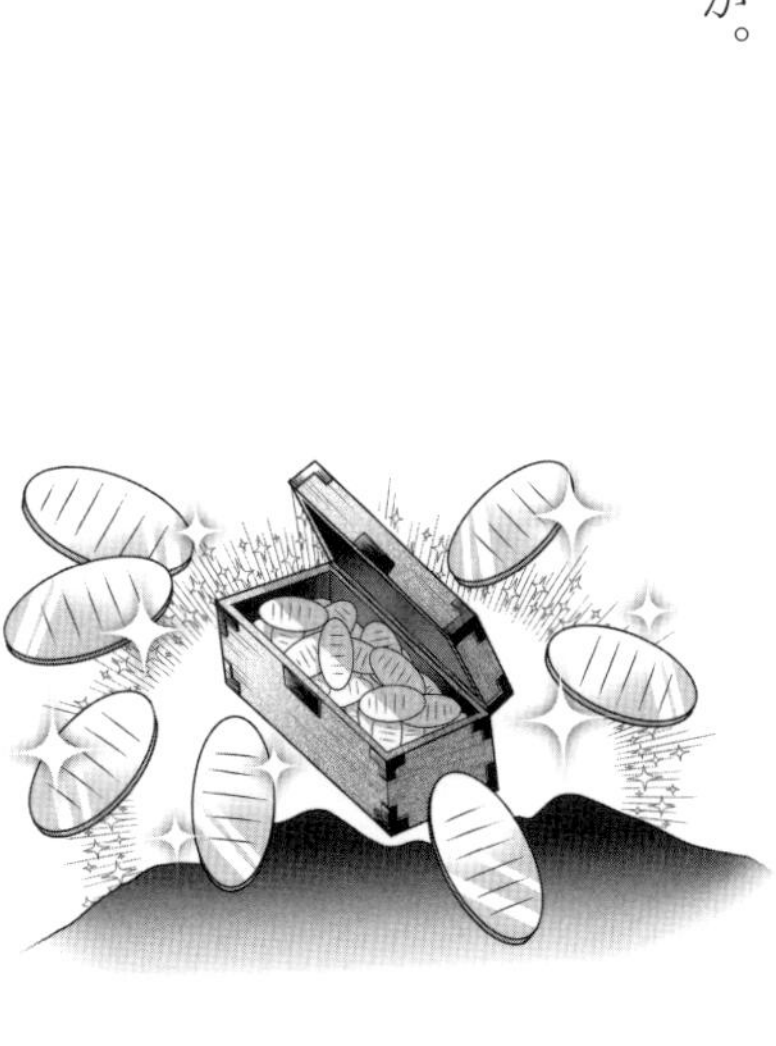

コラム

秀吉《ひでよし》のもうひとつの「一夜城《いちやじょう》」伝説《でんせつ》って？

小田原城《おだわらじょう》は、北条氏《ほうじょうし》がきずきあげた巨大《きょだい》な城《しろ》でした。二百万石《まんごく》をこえる領土《りょうど》をもつ北条氏《ほうじょうし》は、この城《しろ》を拠点《きょてん》にして、関東《かんとう》を支配《しはい》していて、あの「越後《えちご》の龍《りゅう》」上杉謙信《うえすぎけんしん》や、「甲斐《かい》の虎《とら》」武田信玄《たけだしんげん》も、落《お》とせなかった城《しろ》でした。

天正十八年《てんしょうねん》（一五九〇）、秀吉《ひでよし》は二十二万《まん》の大軍《たいぐん》をひきいて、小田原城《おだわらじょう》をとりかこみました。城《しろ》の西《にし》三キロの笠懸山《かさがけやま》に陣《じん》どった秀吉《ひでよし》は、城《しろ》を落《お》とすため、ある方法《ほうほう》を考《かんが》えだしました。

「ようし、小田原城《おだわらじょう》にいる者《もの》たちをおどろかせてやる」

城《しろ》づくりのたくみな秀吉《ひでよし》は、笠懸山《かさがけやま》に石《いし》をつみ、しっかりした石垣《いしがき》と櫓《やぐら》をそなえた城《しろ》をきずきはじめたのです。四万人《まんにん》を動員《どういん》しての、八十日間《にちかん》の築城中《ちくじょうちゅう》は、周囲《しゅうい》に白紙《はくし》をはりめぐらせ、白壁《しらかべ》のようにみせかけ、小田原城《おだわらじょう》からは、なにをしているのか、わからないようにしたのです。そして、城《しろ》ができあがると、べりべりと白紙《はくし》をはがし、城《しろ》のまわりの木《き》を、一夜《いちや》で伐採《ばっさい》させました。

「あっ、あれはなんだ！」

「城《しろ》じゃないか。いつのまに、あんなものが！」

小田原城《おだわらじょう》の者《もの》たちはびっくりぎょうてん。まるで一夜《いちや》のうちに、石垣城《いしがきじろ》ができあがったように思《おも》われたからです。まるで魔法《まほう》のような城《しろ》をみて、小田原城《おだわらじょう》の兵《へい》たちは戦意《せんい》をうしない、降伏《こうふく》につながったといわれています。

こうした史実《しじつ》から、笠懸山《かさがけやま》の城《しろ》は、「石垣一夜城《いしがきいちやじょう》」といわれるようになりました。

それにしても、秀吉《ひでよし》って、人《ひと》をおどろかすマジシャンみたいな、すぐれたアイディア・マンだったのですね。

第《だい》七章《しょう》
ちょっと笑《わら》っちゃう!?
おもしろ伝説《でんせつ》

十返舎一九《じっぺんしゃいっく》の遺体《いたい》は、花火《はなび》といっしょに打《う》ちあげられた？

弥次《やじ》さんと喜多《きた》さんのコンビが、おもしろおかしく旅《たび》をする『東海道中膝栗毛《とうかいどうちゅうひざくりげ》』。享和《きょうわ》二年《ねん》（一八〇二）に出版《しゅっぱん》された、この滑稽本《こっけいぼん》は、江戸時代最大《えどじだいさいだい》のベストセラーとなって、その続編《ぞくへん》が、二十一年《ねん》にわたって、書《か》きつがれました。

この作品《さくひん》の大成功《だいせいこう》により、「筆一本《ふでいっぽん》で生活《せいかつ》する」という地位《ちい》を確立《かくりつ》し、日本最初《にほんさいしょ》の職業《しょくぎょう》作家《さっか》となったのが、十返舎一九《じっぺんしゃいっく》です。

十返舎一九《じっぺんしゃいっく》は、本名《ほんみょう》は重田貞一《しげたさだかつ》といい、駿河国《するがのくに》（静岡県《しずおかけん》）の武士《ぶし》の家《いえ》に生《う》まれました。青年時代《せいねんじだい》に江戸《えど》に出《で》て、そのあと、大坂《おおさか》に行《い》き、材木屋《ざいもくや》の、むことなりました。しかし、いろんな芸能《げいのう》に首《くび》をつっこみ、遊《あそ》びがすぎたために、

「そんなに遊《あそ》びごとが好《す》きなら、この家《いえ》から出《で》ていけ」

と、材木屋《ざいもくや》から、離縁《りえん》されました。

こまりはてた一九《いっく》は、さて、どうしたものかと、寛政六年《かんせいねん》（一七九四）に、江戸《えど》にまいもどりました。

「おたのみもうす」

とばかり、浮世絵《うきよえ》や戯作《げさく》の版元《はんもと》として有名《ゆうめい》な、蔦屋重三郎《つたやじゅうざぶろう》のもとに、「食客《しょっかく》（いそうろう）」として、ころがりこんだのです。

そこで、才能《さいのう》がみとめられ、読本《よみほん》・人情本《にんじょうぼん》・洒落本《しゃれぼん》・滑稽本《こっけいぼん》と、いろんなジャンルの本《ほん》を書《か》きはじめるようになり、さらには、挿絵《さしえ》さえも、自分《じぶん》で描《か》くことになったのです。

こうした、「なんでも書《か》きます」といったような状態《じょうたい》のなかで生《う》まれたのが、『東海道中《とうかいどうちゅう》膝栗毛《ひざくりげ》』でした。

「まあ、箱根《はこね》あたりまで、気楽《きらく》に旅《たび》させよう」

そのぐらいのつもりで書《か》きはじめた、弥次《やじ》さんと喜多《きた》さんの旅《たび》が、江戸《えど》っ子《こ》から大《おお》うけしたのです。

「それなら、もうすこし、足《あし》をのばして……」

と、東海道《とうかいどう》からはじまった弥次喜多《やじきた》の旅《たび》は、四国《しこく》、中国《ちゅうごく》、木曾街道《きそかいどう》、中山道《なかせんどう》と、全国《ぜんこく》をめぐる旅《たび》になっていきました。

「まだか、つぎの旅《たび》はまだか」

江戸《えど》の読者《どくしゃ》だけでなく、全国《ぜんこく》の読者《どくしゃ》にも、ひろくうけいれられるようになったのです。

天保《てんぽう》二年《ねん》（一八三一）、十返舎一九《じっぺんしゃいっく》は、中風《ちゅうふう》になり、この世《よ》を去《さ》りました。辞世《じせい》の句《く》は、売《う》れっ子《こ》の滑稽本作家《こっけいぼんさっか》らしく、しゃれています。

——この世《よ》をば　どりゃお暇《いとま》に　線香《せんこう》の　煙《けむり》とともに　灰左様《はいさよう》なら

辞世《じせい》の句《く》の、しゃれのめした言葉遊《ことばあそ》びも、さることながら、その死後《しご》も、おどろくべきものでした。

「自分《じぶん》が死《し》んだら、なきがらは湯灌《ゆかん》（湯《ゆ》で洗《あら》い清《きよ》めること）せずに、すぐに火葬《かそう》するべし」

と、一九《いっく》は、いいのこしていました。

そこで、なきがらを入《い》れたひつぎに、火《ひ》をつけたところ、とつぜん、爆発《ばくはつ》がおこって、花火《はなび》がまいあがったのです。

「なんだ、こりゃ」

「おおっ」

なにがおきたのか、弔問客《ちょうもんきゃく》は、びっくりぎょうてん、腰《こし》をぬかしました。

それは、こういうわけでした。「よいか。わしのなきがらといっしょに、これをいれよ」と命《めい》じていた袋《ふくろ》に、一九《いっく》は、大量《たいりょう》の花火《はなび》をしこんでいたのです。

「さすがじゃねえか」

「一九《いっく》は、死《し》んだあとも、ひとを楽《たの》しませようと、花火《はなび》をあげたか」

江戸《えど》の人々《ひとびと》は、十返舎一九《じっぺんしゃいっく》の、生《い》きても死《し》んでもしゃれのめそうとしたことを、ほめたたえたということです。

なぞの「スカ屁《べ》」老人《ろうじん》が、「おなら病《びょう》」の流行《りゅうこう》を予言《よげん》？

江戸《えど》のかわら版《ばん》（ニュースなどをあつかった印刷物《いんさつぶつ》）には、「えっ、ほんとうなの？」と思《おも》わずうたがってしまうような、おもしろおかしい、へんてこな記事《きじ》が、ユーモラスな挿絵《さしえ》つきで、のっていることがあります。

これも、そのひとつ。

越中富山《えっちゅうとやま》（富山県《とやまけん》）の尻ケ洞《しりがほら》にきていた、こやしとり（便所《べんじょ》にたまる糞便《ふんべん》をくみとる仕《し》事《ごと》の者《もの》）の前《まえ》に、奇《き》っ怪《かい》な老人《ろうじん》が、よつんばいの姿《すがた》で、あらわれました。顔《かお》は、しわくちゃの老人《ろうじん》ですが、首《くび》から下《した》は、胴体《どうたい》も、手足《てあし》もまっ黒《くろ》でした。

「わしは、スカ屁《べ》じゃ」

老人《ろうじん》は、自分《じぶん》の名《な》をつげました。

「スカ屁《べ》？」

こやしとりがたずねると、老人《ろうじん》はうなずき、大《おお》きな屁《へ》をしました。

「うっ、クサっ」

こやしとりが、そのあまりのくささに、鼻《はな》をつまむと、老人《ろうじん》はいいました。

「クサいであろう。じゃが、忠告《ちゅうこく》しておくぞ。いまに、わしと同《おな》じ『おなら病《びょう》』にかかる者《もの》が、全国《ぜんこく》にあらわれるであろう」

「えっ、『おなら病《びょう》』？　それって、どんな病気《びょうき》なんですか？」

「知《し》りたいか」

「はい」

「よし、教《おし》えてやろう。それにかかるとな、わしのような、すさまじい、クサい屁《へ》をすることになるのじゃ」

老人《ろうじん》はそういいました。ついでに、もうひとつ、大《おお》きな屁《へ》をしました。

「む……」

こやしとりが息《いき》をつめていると、老人《ろうじん》はいいました。

「そうならないためにはな、よいか、よく聞《き》け。いまのわしの姿《すがた》を描《か》いてな、その絵《え》の前《まえ》で、こう、となえるのじゃ。――スカ屁《べ》さま、スカ屁《べ》さま。どうぞ、こちらに立《た》ちよらないでください、とな」

こやしとりは、さいわい、そのとき筆《ふで》と墨《すみ》をもっていたので、すばやく、老人《ろうじん》の姿《すがた》を懐《かい》紙《し》にスケッチしました。

この絵《え》が、江戸《えど》に伝《つた》わりました。

かわら版《ばん》が、この「スカ屁《べ》」老人《ろうじん》の話《はなし》に飛《と》びついて、こやしとりの描《か》いた絵《え》を大々的《だいだいてき》にとりあげ、江戸《えど》の町《まち》で、売《う》りさばいたのです。

「さあさ、怪人《かいじん》『スカ屁《べ》』だよ」

かわら版売《ばんう》りは、名調子《めいちょうし》をつけて唄《うた》うように、あつまってきた人々《ひとびと》にいいました。

「この絵《え》をおがまなきゃ、たいへんな病気《びょうき》にかかってしまうんだよ」

「なんでえ、たいへんな病気《びょうき》ってえのは？」

江戸《えど》っ子《こ》がたずねると、かわら版売《ばんう》りは。ここぞとばかりいいました。

「――スカ屁《べ》さま、スカ屁《べ》さま。どうぞ、こちらに立《た》ちよらないでください。そう、となえないと、クサい、クサい屁《へ》をする『おなら病《びょう》』にかかってしまう、ってんだよ」

江戸《えど》っ子《こ》の多《おお》くは、笑《わら》いだしてしまいました。

「おっかしなこと、いうじゃねえか」

「バッカバッカしいぜ」

「よう、『スカ屁《べ》』に、『おなら病《びょう》』ってか」

もの珍《めずら》しさもてつだい、怪人《かいじん》「スカ屁《べ》」を描《か》いたかわら版《ばん》は、おおいに売《う》れました。

そのおかげで、江戸《えど》の町《まち》に『おなら病《びょう》』は、大流行《だいりゅうこう》せずにすんだそうです。

でも、これって、ほんとうの話《はなし》なんでしょうか。みなさんは、どう思《おも》います？

信長《のぶなが》は、秀吉《ひでよし》を「猿《さる》」とよんでいない？

「でかしたぞ、猿《さる》」

と、信長《のぶなが》は秀吉《ひでよし》のことを、「猿《さる》、猿《さる》」とよんでいたと、ふつうにいわれています。本書《ほんしょ》の第六章《だいしょう》の墨俣一夜城《すのまたいちやじょう》でも、そのよび名《な》にしています。

しかし、じつは、信長《のぶなが》は秀吉《ひでよし》のことを、「猿《さる》」とはいっていないという説《せつ》があるのです。たしかにじつのところ、当時《とうじ》の信長《のぶなが》についての文献《ぶんけん》などには、秀吉《ひでよし》を「猿《さる》」とよんだ記《き》録《ろく》はみつけられません。

なのになぜ、そうなったのかというと、江戸時代《えどじだい》に書《か》かれた軍記物《ぐんきもの》や大衆向《たいしゅうむ》けの娯楽本《ごらくぼん》などで、話《はなし》をおもしろおかしくするために、信長《のぶなが》が秀吉《ひでよし》を「猿《さる》」とよんだと、そう書《か》かれたことから、いつのまにか、「猿《さる》」のよび名《な》が有名《ゆうめい》になってしまったのではないかと思《おも》われます。

ただし、その当時《とうじ》、まわりからも、秀吉《ひでよし》は「猿《さる》のような顔《かお》」と思《おも》われていたことは、事《じ》実《じつ》のようです。

では、ほんとうのところ、信長《のぶなが》は秀吉《ひでよし》をどうよんでいたのでしょうか。すくなくとも、ひとつははっきりと文献《ぶんけん》がのこっていて、なんと「ハゲネズミ」といっていたというのです。

なんだか、ひどすぎるよび名《な》ですし、ふだんもそうよんでいたかまではわからないのですが、この記録《きろく》は、信長《のぶなが》が、秀吉《ひでよし》の妻《つま》であるねねに、おくった文《ふみ》のなかにあります。浮気《うわき》した秀吉《ひでよし》にたいして怒《おこ》っているねねを、主君《しゅくん》の信長《のぶなが》がなだめるという、まるで嘘《うそ》のような話《はなし》ですが、「羽柴秀吉室杉原氏宛消息《はしばひでよししつすぎはらしあてしょうそく》」とよばれ、名古屋《なごや》にある徳川美術館《とくがわびじゅつかん》に展示《てんじ》されている文《ふみ》に、こう書《か》かれているのです。

——藤吉郎《とうきちろう》(秀吉《ひでよし》)が、そなたに不満《ふまん》をいっているようだが、まことにけしからん。どこをさがせば、そなたほどのよい妻《つま》が、あの「ハゲネズミ」にみつけられるというのか。

これより、そなたは、ほがらかな気持《きも》ちで、妻《つま》らしくふるまって、あまりやきもちを焼《や》かないほうがよい。文句《もんく》をいうのはよいが、まあ、いいすぎないようにせよ。この文《ふみ》は、藤《とう》吉郎《きちろう》にもみせてやれ。

「ハゲネズミ」というのは、かなりきつい表現《ひょうげん》ですが、髪《かみ》がうすくて、ネズミのように、ちょろちょろ動《うご》きまわる秀吉《ひでよし》を、信長《のぶなが》が、からかい半分《はんぶん》に、そう命名《めいめい》した。そう考《かんが》えれば、不自然《ふしぜん》ではないのかもしれません。

あるいは、ねねに同情《どうじょう》してやさしくなだめている手紙《てがみ》なので、わざと自分《じぶん》も秀吉《ひでよし》について悪《わる》くいうことで、ねねの気持《きも》ちをやわらげようとしたのかもしれませんね。

なお、信長《のぶなが》には、秀吉《ひでよし》だけでなく、家臣《かしん》たちにきついよび名《な》をつける特技《とくぎ》（？）があったようですが、自分《じぶん》の子《こ》どもたちについても、なんだかへんてこな幼名《ようみょう》をつけています。

長男《ちょうなん》の信忠《のぶただ》には、奇妙丸《きみょうまる》。

次男《じなん》の信雄《のぶかつ》には、茶筅丸《ちゃせんまる》。
三男《なん》の信孝《のぶたか》には、三七《さんしち》。
四男《なん》の秀勝《ひでかつ》には、於次《おつぎ》。
五男《なん》の勝長《かつなが》には、坊丸《ぼうまる》。
六男《なん》の信秀《のぶひで》には、大洞《おおぼら》。
七男《なん》の信高《のぶたか》には、小洞《こぼら》。
八男《なん》の信吉《のぶよし》には、酌《しゃく》。
九男《なん》の信貞《のぶさだ》には、人《ひと》。
十男《なん》の信好《のぶよし》には、良好《りょうこう》。
庶子《しょし》の信正《のぶまさ》には、於勝丸《おかちまる》。

天下《てんか》を統一《とういつ》しようと、時代《じだい》の最先端《さいせんたん》をつっ走《ぱし》っていた信長《のぶなが》ならではの、革命的《かくめいてき》な美的《びてき》(?)センスにあふれている命名《めいめい》ですが、「奇妙丸《きみょうまる》」とか、「酌《しゃく》」とか、「人《ひと》」とか、ほんとうにすっとんだ幼名《ようみょう》ですよね。

凡人《ぼんじん》とはまったくちがう、そのユニークな発想《はっそう》は、まさしく「天才《てんさい》・信長《のぶなが》」ならではといえますね。

現代《げんだい》では、幼名《ようみょう》というのはありませんが、みなさんは信長《のぶなが》に、どんな幼名《ようみょう》をつけてもらいたいと思《おも》いますか。

コラム

楠木正成《くすのきまさしげ》は、戦《たたか》いで、ウンコを武器《ぶき》にした？

楠木正成《くすのきまさしげ》は、後醍醐天皇《ごだいごてんのう》を奉《ほう》じて、鎌倉幕府《かまくらばくふ》をたおし、「建武《けんむ》の新政《しんせい》」を足《あし》利尊氏《かがたかうじ》とともに、うちたてました。しかし、尊氏《たかうじ》が天皇《てんのう》にそむいたために、南《なん》朝《ちょう》の武将《ぶしょう》として、最後《さいご》まで尊氏《たかうじ》と戦《たたか》い、「湊川《みなとがわ》の戦《たたか》い」で戦死《せんし》しました。

名将《めいしょう》といわれた正成《まさしげ》の戦術《せんじゅつ》は、とにかくユニークそのものでした。

兵力《へいりょく》がすくなく、まともに戦《たたか》っては勝《か》てないと思《おも》われるときは、敵《てき》がびっくりするような戦術《せんじゅつ》を使《つか》ったのです。

田《た》んぼに水《みず》をひいて、敵兵《てきへい》の足《あし》をふうじたり、わら人形《にんぎょう》をつくって、それに攻《せ》めよせる敵兵《てきへい》に、大石《おおいし》を落下《らっか》させたり、はりぼての城《しろ》をきずいて、敵《てき》を退却《たいきゃく》させたり、橋《はし》に油《あぶら》をそそぎ、敵兵《てきへい》がわたっているとき、火《ひ》をつけて、谷底《たにぞこ》に落《お》としたり、と奇想天外《きそうてんがい》な戦《たたか》いかたをしました。

きわめつきは、ウンコ・糞尿《ふんにょう》をあびせて、敵《てき》を撃退《げきたい》させたことでしょうか。正成《まさしげ》のたてこもる千早城《ちはやじょう》めがけて殺到《さっとう》する敵兵《てきへい》に、大《おお》きな石《いし》や丸太《まるた》、大木《たいぼく》を転《ころ》げおとし、さらには熱湯《ねっとう》をあびせ、さらには「これでもくらえ」とばかり、糞尿《ふんにょう》をあびせたのです。

まさしく、現代《げんだい》のゲリラ戦術《せんじゅつ》そのものですが、しかし、ウンコを武器《ぶき》にするなんて、あびせられる敵《てき》にとっては、「なんだ、これは！」「うっ、クサすぎるぞ！」と、たまらなかったでしょうね。

第《だい》八章《しょう》

えーっ、思《おも》ってたのとちがうの!?伝説《でんせつ》

縄文人《じょうもんじん》は、いがいとグルメだった？

いまから一万《まん》三千《ぜん》年前《ねんまえ》から、紀元前《きげんぜん》五・四世紀《せいき》までは、縄文土器《じょうもんどき》が使《つか》われていたことから、縄文時代《じょうもんじだい》といわれています。

——縄文人《じょうもんじん》は、イノシシやシカを追《お》いかけ、木《き》の実《み》や魚《さかな》をとってくらし、食《た》べ物《もの》がなくなると移動《いどう》するという生活《せいかつ》で、寿命《じゅみょう》は短《みじか》い。

というのが、長《なが》い間《あいだ》の定説《ていせつ》でした。

ところが、どうやらその定説《ていせつ》はあやまりであることがわかってきました。

一九九二年《ねん》から発掘調査《はっくつちょうさ》された、青森市《あおもりし》の三内丸山遺跡《さんないまるやまいせき》が、縄文人《じょうもんじん》の生活《せいかつ》についての認識《にんしき》を、大《おお》きくかえたきっかけでした。

それまでは、縄文人《じょうもんじん》はせいぜい二十～三十人《にん》くらいの集団《しゅうだん》で、あっちこっちへ移動《いどう》してくらしていたとされていましたが、三内丸山《さんないまるやま》の集落《しゅうらく》では、一時期《じき》には五百人《ひゃくにん》くらいの縄文《じょうもん》人《じん》が、「定住《ていじゅう》」してくらしていたと考《かんが》えられるのです。

ふとい六本《ぽん》の栗《くり》の木《き》の柱《はしら》で建《た》てられた巨大《きょだい》な建造物《けんぞうぶつ》があり、複数《ふくすう》の家族《かぞく》が住《す》める、大型《おおがた》の竪穴式住居《たてあなしきじゅうきょ》、貯蔵穴《ちょぞうけつ》、道路《どうろ》なども確認《かくにん》されていて、計画的《けいかくてき》につくられた集落《しゅうらく》だったことがわかってきたのです。

木苺《きいちご》などを発酵《はっこう》させ酒《さけ》もつくっていて、栗《くり》の木《き》を植《う》えたり、瓢簞《ひょうたん》、荏胡麻《えごま》、豆《まめ》などを栽《さい》培《ばい》したりしていたのです。海《うみ》の幸《さち》にも恵《めぐ》まれていたらしく、鰤《ぶり》や鮪《まぐろ》、真鯛《まだい》、鰯《いわし》、平目《ひらめ》など五十種類《しゅるい》以上《いじょう》の魚《さかな》の骨《ほね》も発掘《はっくつ》されています。

「ようし、今日《きょう》は大漁《たいりょう》だぞ。みんなで食《た》べよう」

と、おいしい酒《さけ》を飲《の》みながら、食事《しょくじ》をわかちあっていたと考《かんが》えられるのです。

このような三内丸山《さんないまるやま》を、世界四大文明《せかいよんだいぶんめい》にもつらなるような壮大《そうだい》なスケールの「文明《ぶんめい》の地《ち》」と考《かんが》える学者《がくしゃ》もいます。

こうして、縄文人《じょうもんじん》は、狩猟《しゅりょう》と採集《さいしゅう》の民《たみ》で、酒《さけ》をつくらない。そんな定説《ていせつ》は、ひっくりかえってしまいました。

このあとも、つぎつぎと各地《かくち》で発見《はっけん》・発掘《はっくつ》がつづきました。

シチューのように煮《に》こんでつくる料理《りょうり》をしていたのが発掘《はっくつ》された土器《どき》のようすからわかったり、ドングリでつくったクッキーのようなものまで発見《はっけん》されています。

短《みじか》いといわれた寿命《じゅみょう》も、じつは、そうではなかったのではとする説《せつ》も生《う》まれており、二〇一〇年《ねん》には、九つの遺跡《いせき》から出土《しゅつど》した人骨《じんこつ》がしらべられた結果《けっか》、およそ三割《わり》の人《ひと》が、六十五歳《さい》以上《いじょう》だったという研究《けんきゅう》・発表《はっぴょう》もされています。

きびしい環境《かんきょう》のもと、獲物《えもの》をもとめての移動《いどう》につぐ移動《いどう》で、つらいくらしをしいられて、はや死《じ》にしていた、と考《かんが》えられてきた縄文人《じょうもんじん》。

いいえ、ちがいます。

縄文人《じょうもんじん》は、しっかりした施設《しせつ》がととのった場所《ばしょ》で、定住生活《ていじゅうせいかつ》をいとなみ、木苺《きいちご》からつくられた美酒《びしゅ》を飲《の》み、豆《まめ》や野菜《やさい》を調理《ちょうり》したものや、狩《か》りでとった肉《にく》、新鮮《しんせん》な魚《さかな》を食《た》べて、かなり長《なが》生《い》きしていたのです。

そのうえ、縄文人《じょうもんじん》には「土地所有《とちしょゆう》」といった概念《がいねん》がなかったために、土地《とち》は「みんなが利用《りよう》する」ものであり、食事《しょくじ》も、「孤食《こしょく》（ひとりで食《た》べる）」ではなく、みんなで和気《わき》あいあいと食《た》べる「共食《きょうしょく》」でした。

争《あらそ》いごとも少《すく》なく、人々《ひとびと》がのんびりと、平和《へいわ》に、豊《ゆた》かな環境《かんきょう》でくらせるという、理想的《りそうてき》な時代《じだい》が一万《まん》年《ねん》もつづいた。それが、日本《にほん》の縄文時代《じょうもんじだい》だったのではないでしょうか。

それにしても、おいしいお酒《さけ》に、おいしい食《た》べ物《もの》なんて、縄文人《じょうもんじん》は、いまのわたしたちに負《ま》けないような、グルメな生《い》きかたをしていたのですね。

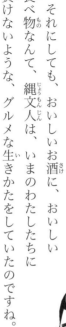

長篠《ながしの》の戦《たたか》いで、鉄砲《てっぽう》三段撃《だんう》ちはなかった？

武田《たけだ》信玄《しんげん》がそだてあげた騎馬軍団《きばぐんだん》は、戦国時代《せんごくじだい》において、最強《さいきょう》といわれていました。

信玄《しんげん》が亡《な》くなったあと、そのあとをついだ武田勝頼《たけだかつより》は、この騎馬軍団《きばぐんだん》をひきいて、織田《おだ》信長《のぶなが》・徳川家康《とくがわいえやす》連合軍《れんごうぐん》と、長篠《ながしの》の地《ち》で対決《たいけつ》します。

武田《たけだ》の騎馬軍団《きばぐんだん》は、織田《おだ》・徳川《とくがわ》連合軍《れんごうぐん》にむかって、どとうのいきおいで突撃《とつげき》していきます。

しかし、三重《じゅう》の馬防柵《ばぼうさく》で、前進《ぜんしん》をさえぎられたうえ、信長《のぶなが》の考《かんが》えだした「鉄砲《てっぽう》三段撃《だんう》ち」作戦《さくせん》により、あえなく壊滅《かいめつ》します。

信玄《しんげん》のころからつかえてきた多《おお》くの武将《ぶしょう》たちをうしなって、勝頼《かつより》は逃《に》げ帰《かえ》ったのでした。

これが、多《おお》くの物語《ものがたり》やドラマで描《えが》かれてきた「長篠《ながしの》の戦《たたか》い」です。

しかし、これはほんとうのことなのでしょうか？

たしかに、武田軍《たけだぐん》は、織田《おだ》・徳川軍《とくがわぐん》に長篠《ながしの》でやぶれて、ほうほうのていで甲斐《かい》に逃《に》げ帰《かえ》ります。これは事実《じじつ》ですが、鉄砲《てっぽう》の三段撃《だんう》ちは、ほんとうのことだったのかどうか、近年《きんねん》、疑問視《ぎもんし》されているのです。


まず、問題《もんだい》は、武田《たけだ》の騎馬軍団《きばぐんだん》にあります。

武田軍《たけだぐん》が馬《うま》を活用《かつよう》したのは事実《じじつ》です。しかし、それは騎馬軍団《きばぐんだん》で突撃《とつげき》するという戦法《せんぽう》ではなかったようなのです。戦国時代《せんごくじだい》において、騎馬兵《きばへい》は戦《たたか》うときには、馬《うま》からおりて、敵《てき》と組み討《う》つのが常《つね》でした。

日本《にほん》の馬《うま》は、そのころまで、体高《たいこう》百十から百四十センチで、かなり小型《こがた》でした。鎧兜《よろいかぶと》の荒武者《あらむしゃ》をのせて、どとうのごとく突撃《とつげき》するという戦法《せんぽう》は、まずありえなかったと考《かんが》えられます。


つぎに、三段撃《だんう》ちについてです。

そのころの鉄砲《てっぽう》は、火縄銃《ひなわじゅう》といわれるものであり、一発撃《いっぱつう》つと、弾《たま》ごめするのに、かなり時間《じかん》がかかりました。

「はやく、はやく、つぎの弾《たま》を」と、ついあせったり、まごまごしていると、敵《てき》に攻《せ》められてしまいます。

そこで、信長《のぶなが》は、「ふうむ。武田《たけだ》にたいしては、新《あたら》しい戦《たたか》い方《かた》をせねばならぬ」と、これまでになかった戦法《せんぽう》を考案《こうあん》したと、いわれているのです。それが、つぎの戦法《せんぽう》です。

――三千挺《ぜんちょう》の鉄砲《てっぽう》を、千挺《せんちょう》ずつ、三列《れつ》にならべる。まず、最前列《さいぜんれつ》にいた一番《ばん》めの鉄砲隊《てっぽうたい》は撃《う》って、すぐ後《うし》ろにひきさがる。それまで二列《れつ》めで待《ま》っていた二番隊《ばんたい》は、一番隊《ばんたい》が撃《う》ち終《お》わった瞬間《しゅんかん》に、最前列《さいぜんれつ》に出《で》て、敵《てき》を撃《う》つ。そのあと、はじめ最後列《さいこうれつ》にいた三番隊《ばんたい》が最前《さいぜん》列《れつ》に出《で》て、撃《う》つ。そのあいだに弾《たま》ごめを終《お》えた最初《さいしょ》の一番隊《ばんたい》が、ふたたび最前列《さいぜんれつ》に出《で》て、撃《う》つ……。

「どうだ。こうすれば、むだがなかろう」

まさに、これこそ信長《のぶなが》が発案《はつあん》したじまんの戦法《せんぽう》でした。これなら、攻《せ》めてくる敵《てき》にたいして、きれめなく鉄砲《てっぽう》を撃《う》ちつづけられるというわけです。

しかし、こんな画期的《かっきてき》な戦法《せんぽう》にもかかわらず、信長《のぶなが》の家臣《かしん》・太田牛一《おおたぎゅういち》の『信長公記《しんちょうこうき》』という史料《しりょう》には、「鉄砲《てっぽう》が千挺《せんちょう》ばかり」としか記録《きろく》されていません。

また、当時《とうじ》の火縄銃《ひなわじゅう》がこのようなスピーディで規則的《きそくてき》な撃《う》ち方《かた》に対応《たいおう》できるほど性能《せいのう》がよかったかというと、かならずしもそうでもなかったようです。

そうしたことなどで、「三段撃《だんう》ち」にたいする疑問《ぎもん》が、どうしてものこるのです。

しかし、「三段撃《だんう》ち」がなかったとしたら、どうして、武田軍《たけだぐん》は、織田《おだ》・徳川軍《とくがわぐん》に、さんざんにやぶれたのでしょうか?

山県昌景《やまがたまさかげ》、内藤昌豊《ないとうまさとよ》、馬場信春《ばばのぶはる》といった、信玄時代《しんげんじだい》からの勇将《ゆうしょう》がつぎつぎに戦死《せんし》し、なんと、一万《まん》もの死傷者《ししょうしゃ》を出《だ》して、武田軍《たけだぐん》がみじめに敗走《はいそう》したのは、なぜでしょうか?

まずは、兵力《へいりょく》の差《さ》でしょう。

武田軍《たけだぐん》は、一万《まん》二千《せん》。それにくらべ、織田《おだ》・徳川軍《とくがわぐん》は三万《まん》八千《せん》でした。

しかも、長篠《ながしの》では、武田軍《たけだぐん》が攻《せ》め、織田《おだ》・徳川軍《とくがわぐん》がまもるかたちになったのです。軍事《ぐんじ》の常識《じょうしき》として、攻《せ》めるよりもまもるほうが有利《ゆうり》であり、多数《たすう》でまもるところに、少数《しょうすう》で攻《せ》めたのですから、負《ま》けてあたりまえだったといえるのです。

さらに、信長《のぶなが》は、ここぞという戦《たたか》いのときにかならずしかける、敵《てき》をかくらんさせるためのとくいの謀略《ぼうりゃく》を、このときも、しっかりとたてていました。

家臣《かしん》の佐久間信盛《さくまのぶもり》に、「いくさになれば、わたしが織田《おだ》をうらぎり、武田方《たけだがた》に内通《ないつう》する」と、うその通告《つうこく》をさせていたのです。

「ようし、信盛《のぶもり》がわれらに味方《みかた》してくれるなら、楽勝《らくしょう》だ」

とばかり、勝頼《かつより》はうその情報《じょうほう》を信《しん》じて、「行《い》け、行《い》けっ！」と、突撃命令《とつげきめいれい》を出《だ》したというわけです。

もうひとつ、信長《のぶなが》にとって有利《ゆうり》だったのは、徳川軍《とくがわぐん》を中心《ちゅうしん》とした別動隊《べつどうたい》が、ひそかに前夜《ぜんや》、武田方《たけだがた》の「鳶ケ巣山《とびがすやま》の砦《とりで》」をおそったことです。この砦《とりで》は、決戦《けっせん》があった設楽ケ原《したらがはら》からみて、長篠城《ながしのじょう》の背後《はいご》にありました。つまり、武田軍《たけだぐん》は退路《たいろ》を断《た》たれていたのです。

「もはや、ひくにひけぬ。攻《せ》めるしかない」

という、武田軍《たけだぐん》にとって、せっぱつまった状況《じょうきょう》をつくったのです。

こうしたことで、信長《のぶなが》はみごとに、武田軍《たけだぐん》を討《う》ちやぶったのでした。

けれど、物語《ものがたり》やドラマなどで、よく使《つか》われる「騎馬軍団《きばぐんだん》VS鉄砲《てっぽう》三段撃《だんう》ち」の、まさに勇《ゆう》壮《そう》にして、悲劇的《ひげきてき》なシーン。

勇猛《ゆうもう》で鳴《な》る、武田騎馬軍団《たけだきばぐんだん》の武将《ぶしょう》たちが、これまでの戦法《せんぽう》を信《しん》じて、織田軍《おだぐん》に突撃《とつげき》していく。

しかし、馬防柵《ばぼうさく》にさえぎられ、なかなか突破《とっぱ》できずに、馬《うま》が首《くび》をあげて、いななくところを、ここぞとばかり、織田軍《おだぐん》の足軽鉄砲隊《あしがるてっぽうたい》がきれめなく、鉄砲《てっぽう》を撃《う》ちつづける。

武田《たけだ》の武将《ぶしょう》たちは、あびせられる鉄砲《てっぽう》に、なす術《すべ》もなく、ばたばたとたおれていく……。

まさに、それは織田信長《おだのぶなが》という不世出《ふせいしゅつ》（二度《にど》とあらわれない）の天才《てんさい》がつくりあげた、戦国時代《せんごくじだい》の新《あたら》しい戦法《せんぽう》をたからかにつげる、センセーショナルなエピソードなのです。

あれは、ほんとうではなかった。長篠《ながしの》の戦《たたか》いで、ハイライトとされた「鉄砲《てっぽう》三段《だんう》撃ち」のシーンはなかった……。

そうきめつけるのは、すこし残念《ざんねん》な気《き》がします。

いや、やっぱり、「三段《だんう》撃ち」はあったのではないのかなと、あってほしいなと、つい思《おも》いたくなりますが、みなさんは、どう思《おも》います？

『板垣《いたがき》死《し》すとも自由《じゆう》は死《し》せず』とさけんでからも、板垣退助《いたがきたいすけ》は生《い》きていた？

——板垣《いたがき》死《し》すとも、自由《じゆう》は、死《し》せず。

みなさんは、この名《めい》セリフを知《し》っていますか？

これは、明治《めいじ》を代表《だいひょう》する政治家《せいじか》で、自由民権運動《じゆうみんけんうんどう》の指導者《しどうしゃ》として知《し》られる、板垣退助《いたがきたいすけ》の言葉《ことば》です。

板垣退助《いたがきたいすけ》は、天保《てんぽう》八年《ねん》（一八三七）、土佐藩《とさはん》の上士《じょうし》（上級《じょうきゅう》の藩士《はんし》）の子《こ》として生《う》まれました。同《おな》じ土佐藩《とさはん》の後藤象二郎《ごとうしょうじろう》や中岡慎太郎《なかおかしんたろう》らとしたしかった退助《たいすけ》は、幕末《ばくまつ》には、

「江戸幕府《えどばくふ》は、討《う》ちたおさなければならない」

と、「武力倒幕《ぶりょくとうばく》」を主張《しゅちょう》していました。

そして、戊辰戦争《ぼしんせんそう》などで活躍《かつやく》したあと、明治《めいじ》二年《ねん》に、木戸孝允《きどたかよし》や西郷隆盛《さいごうたかもり》、大隈重信《おおくましげのぶ》ら

ともに、「参与《さんよ》」という明治政府《めいじせいふ》の高官《こうかん》となります。

明治六年《めいじねん》（一八七三）、退助《たいすけ》は、「鎖国《さこく》している朝鮮《ちょうせん》にたいして、武力行使《ぶりょくこうし》をするべきだ」という『征韓論《せいかんろん》』を主張《しゅちょう》します。

それに反対《はんたい》する岩倉具視《いわくらともみ》や大久保利通《おおくぼとしみち》らと激論《げきろん》をくりひろげますが、『征韓論《せいかんろん》』はしりぞけられてしまいます。退助《たいすけ》は、「ひとりで特使《とくし》となって朝鮮《ちょうせん》へいく」といっていた西郷《さいごう》隆盛《たかもり》や、より強硬《きょうこう》に朝鮮出兵《ちょうせんしゅっぺい》を主張《しゅちょう》していた江藤新平《えとうしんぺい》、後藤象二郎《ごとうしょうじろう》らと、「もはや、これまで」と、明治政府《めいじせいふ》をしりぞきます。

しかし、明治政府《めいじせいふ》の重要《じゅうよう》なポストを、薩《さつ》・長《ちょう》・土《ど》・肥《ひ》（薩摩《さつま》・長州《ちょうしゅう》・土佐《とさ》・肥前《ひぜん》）出身《しゅっしん》の者《もの》が独占《どくせん》するという「藩閥政治《はんばつせいじ》」が横行《おうこう》したので、退助《たいすけ》は、「民衆《みんしゅう》の意見《いけん》がいれられる議会制度《ぎかいせいど》をつくるべきだ」と、自由民権運動《じゆうみんけんうんどう》をおこします。

明治十四年《めいじねん》（一八八一）、「十年後《ねんご》に、帝国議会《ていこくぎかい》をひらく」という国会開設《こっかいかいせつ》のみことのりが出《だ》されたのを機《き》に、退助《たいすけ》は、自由党《じゆうとう》を結成《けっせい》し、総理《そうり》（党首《とうしゅ》）となります。

それから、退助《たいすけ》は、全国《ぜんこく》を遊説《ゆうぜい》してまわります。

ところが、明治《めいじ》十五年《ねん》（一八八二）、四月《がつ》のことです。岐阜《ぎふ》の地《ち》で、演説会場《えんぜつかいじょう》から宿舎《しゅくしゃ》にむかうさなか、相原《あいはら》という名《な》の暴漢《ぼうかん》がおそってきたのです。相原《あいはら》は、刃《は》わたり二十七センチにもおよぶ短刀《たんとう》をふりかざし、退助《たいすけ》ともみあいになりました。

手《て》や胸《むね》を数《すう》か所《しょ》、刺《さ》された退助《たいすけ》は、おびただしく血《ち》をながしながらも、さけんだのです。

「板垣《いたがき》死《し》すとも、自由《じゆう》は死《し》せず！」

ここで、多《おお》くの人《ひと》にかんちがいされているのですが、このとき退助《たいすけ》は、死《し》ななかったのです。暴漢《ぼうかん》はとりおさえられ、かろうじて、退助《たいすけ》は一命《いちめい》をとりとめたのです。

退助《たいすけ》の言葉《ことば》は、新聞《しんぶん》によって報道《ほうどう》され、この名《めい》セリフは、全国《ぜんこく》にひろまりました。

そのあと、退助《たいすけ》は、立憲自由党《りっけんじゆうとう》を改称《かいしょう》して、自由党《じゆうとう》を成立《せいりつ》させ、帝国議会《ていこくぎかい》で活躍《かつやく》したあと、明治《めいじ》三十一年《ねん》（一八九八）には、大隈重信《おおくましげのぶ》の進歩党《しんぽとう》と

合同《ごうどう》して、憲政党《けんせいとう》を組織《そしき》し、日本《にほん》ではじめての政党内閣《せいとうないかく》である第《だい》一次《じ》大隈内閣《おおくまないかく》に、内務大《ないむだい》臣《じん》として入閣《にゅうかく》します。

退助《たいすけ》には、さまざまなエピソードがのこっていますが、彼《かれ》の性格《せいかく》を伝《つた》えるものとして、自分《じぶん》の命《いのち》をねらった相原《あいはら》にたいしての、心《こころ》あたたまる逸話《いつわ》があります。

「相原《あいはら》くんを、ぜひ、恩赦《おんしゃ》(刑罰《けいばつ》をとくべつに軽《かる》くすること)していただきたい」

退助《たいすけ》は、特赦嘆願書《とくしゃたんがんしょ》を明治天皇《めいじてんのう》に提出《ていしゅつ》しました。被害者《ひがいしゃ》の退助《たいすけ》からの願《ねが》いということで、相原《あいはら》は、特赦《とくしゃ》となりました。

改心《かいしん》した相原《あいはら》は、退助《たいすけ》のもとに、謝罪《しゃざい》におとずれてきました。

「板垣《いたがき》さん。わたしはあなたを誤解《ごかい》していたようです。あなたの命《いのち》をねらったわたしを、どうか、ゆるしてください」

このとき退助《たいすけ》は、ふかくうなずき、こういったということです。

「おたがい、よりよい日本《にほん》の発展《はってん》のために、がんばりましょう」

政界《せいかい》を引退《いんたい》したあと、板垣退助《いたがきたいすけ》が死《し》んだのは、大正《たいしょう》八年《ねん》（一九一九）の七月《がつ》十六日《にち》のことでした。

あの名《めい》セリフ、「板垣《いたがき》死《し》すとも、自由《じゆう》は死《し》せず！」とさけんでから、じつに板垣退助《いたがきたいすけ》は、四十年《ねん》ちかくも生《い》きのびたのです。

亡《な》くなった歳《とし》は、八十三歳《さい》でした。

コラム

有名《ゆうめい》なのに「じつは……」というエピソード、たくさんあるってほんと？

日本《にほん》の歴史《れきし》や人物《じんぶつ》には、多《おお》くの人《ひと》が知《し》っている、有名《ゆうめい》なエピソードがたくさんあります。

たとえば、毛利家《もうりけ》の教《おし》えとして、あまりにも有名《ゆうめい》な「三本《ぼん》の矢《や》」。中国地方《ちゅうごくちほう》のほぼ全域《ぜんいき》を支配《しはい》していた毛利元就《もうりもとなり》が七十五歳《さい》で、息《いき》をひきとるまぎわ、隆元《たかもと》、元春《もとはる》、隆景《たかかげ》の三人《にん》の息子《むすこ》に、こう教《おし》えさとしたというのです。

「よいか。一本《いっぽん》の矢《や》は、すぐにポキンと折《お》れる。しかし、三本《ぼん》の矢《や》をたばねると、なかなか折《お》れない。そなたたちは三人《にん》、力《ちから》を合《あ》わせて、毛利家《もうりけ》をまもれ」

みなさんも、よくごぞんじのこのエピソードには、でも、疑問《ぎもん》があります。元就《もとなり》が亡《な》くなった一五七一年《ねん》には、長男《ちょうなん》の隆元《たかもと》はすでに死亡《しぼう》していたのです。

ということは、元就《もとなり》の「三本《ぼん》の矢《や》」の教《おし》えは、なかったことになります。

では、どうして、そのエピソードが生《う》まれたのでしょうか。

元就《もとなり》は五十九歳《さい》のときに、「三人《にん》の仲《なか》が悪《わる》くなれば、毛利《もうり》は滅亡《めつぼう》する」という教訓状《きょうくんじょう》を、息子《むすこ》たちに書《か》きましたが、それが「三本《ぼん》の矢《や》」になっていったのではないか、といわれています。

このように、「じつは、あのエピソードは……」という例《れい》は、いっぱいあるのです。

たとえば、千利休《せんのりきゅう》は秀吉《ひでよし》の怒《いか》りをかって、自害《じがい》させられたことになっています。ところが、「じつは、利休《りきゅう》は自害《じがい》せずに、都落《みやこお》ちして九州《きゅうしゅう》にいき、そして九州《きゅうしゅう》に秀吉《ひでよし》がやってきたときに、茶《ちゃ》をふるまった」という説《せつ》（?）が、いまいわれています。

そんなふうに、世《よ》の中《なか》でかたられている多《おお》くのエピソードには、「いや、いや、ちがうぞ」という疑問《ぎもん》や謎《なぞ》があるのです。みなさんも、「いろいろいわれているけど、じつは……」という説《せつ》（?）を、みつけてみませんか。

年表《ねんぴょう》

時代	西暦《せいれき》（元号《げんごう》）	できごと
原始時代《げんしじだい》	約《やく》1万《まん》3000年前頃《ねんまえごろ》〜	縄文時代《じょうもんじだい》。
	約《やく》2500年前頃《ねんまえごろ》	
	紀元前《きげんぜん》4世紀頃《せいきごろ》〜	弥生時代《やよいじだい》。
	紀元後《きげんご》3世紀中頃《せいきなかごろ》	
	239年《ねん》	邪馬台国《やまたいこく》の女王卑弥呼《じょおうひみこ》が魏《ぎ》に使《つか》いをおくる。
	4世紀頃《せいきごろ》	大和政権《やまとせいけん》による統一《とういつ》がすすむ。
飛鳥時代《あすかじだい》	538年《ねん》（552年説《ねんせつ》もあり）	日本《にほん》に仏教《ぶっきょう》が伝来《でんらい》する。
	593年《ねん》〜	厩戸皇子《うまやどのおうじ》（聖徳太子《しょうとくたいし》）が推古天皇《すいこてんのう》の摂《せっ》政《しょう》として政治《せいじ》をおこなう。
	600年《ねん》	遣隋使《けんずいし》の派遣《はけん》がはじまる。
	622年《ねん》	厩戸皇子《うまやどのおうじ》が亡《な》くなり、蘇我氏《そがし》（蘇我馬《そがのうま》子《こ》）の専制《せんせい》がはじまる。
	645年《ねん》（大化元年《たいかがんねん》）	中大兄皇子《なかのおおえのおうじ》と中臣鎌足《なかとみのかまたり》らが蘇我入鹿《そがのいるか》を暗殺《あんさつ》（乙巳《いっし》の変《へん》）。大化《たいか》の改新《かいしん》はじまる。
	646年《ねん》（大化《たいか》2年《ねん》）	改新《かいしん》のみことのりを発《はっ》する。
※	710年《ねん》（和銅《わどう》3年《ねん》）	平城京《へいじょうきょう》に遷都《せんと》する。
平安時代《へいあんじだい》	794年《ねん》（延暦《えんりゃく》13年《ねん》）	平安京《へいあんきょう》に遷都《せんと》する。
	901年《ねん》（昌泰《しょうたい》4年《ねん》、延喜元年《えんぎがんねん》）	菅原道真《すがわらのみちざね》が太宰府《だざいふ》に左遷《させん》される。

※奈良時代《ならじだい》

時代	西暦《せいれき》（元号《げんごう》）	できごと
室町時代《むろまちじだい》	1553年《ねん》（天文《てんぶん》22年《ねん》）	武田信玄《たけだしんげん》と上杉謙信《うえすぎけんしん》が相対《あいたい》する第一次《だいいちじ》川中島《かわなかじま》の合戦《かっせん》（以後《いご》1564年《ねん》の第五《だいご》次《じ》までつづく）。
	1560年《ねん》（永禄《えいろく》3年《ねん》）	桶狭間《おけはざま》の戦《たたか》いで織田信長《おだのぶなが》が今川義元《いまがわよしもと》をやぶる。
	1566年《ねん》（永禄《えいろく》9年《ねん》）	織田信長《おだのぶなが》の美濃《みの》攻《ぜ》めにあたり、木下藤《きのしたとう》吉郎《きちろう》（豊臣秀吉《とよとみひでよし》）が墨俣《すのまた》に城《しろ》を建《た》てる。
	1571年《ねん》（元亀《げんき》2年《ねん》）	毛利元就《もうりもとなり》が死去《しきょ》。
	1573年《ねん》（元亀《げんき》4年《ねん》、天正元年《てんしょうがんねん》）	室町幕府《むろまちばくふ》がほろぶ。
安土桃山時代《あづちももやまじだい》	1575年《ねん》（天正《てんしょう》3年《ねん》）	長篠《ながしの》の戦《たたか》いで、織田《おだ》・徳川連合軍《とくがわれんごうぐん》が武《たけ》田軍《だぐん》に勝利《しょうり》する。
	1582年《ねん》（天正《てんしょう》10年《ねん》）	本能寺《ほんのうじ》の変《へん》で、織田信長《おだのぶなが》が明智光秀《あけちみつひで》に討《う》たれる。山崎《やまざき》の戦《たたか》いで明智光秀《あけちみつひで》が羽《は》柴《しば》（豊臣《とよとみ》）秀吉《ひでよし》にやぶれる。
	1590年《ねん》（天正《てんしょう》18年《ねん》）	豊臣秀吉《とよとみひでよし》が小田原城《おだわらじょう》を攻《せ》め、近《ちか》くの笠《かさ》懸山《がけやま》に城《しろ》をきずく。全国《ぜんこく》を統一《とういつ》する。
	1600年《ねん》（慶長《けいちょう》5年《ねん》）	関《せき》ヶ原《がはら》の戦《たたか》いで東軍《とうぐん》（徳川家康《とくがわいえやす》）が西《せい》軍《ぐん》（石田三成《いしだみつなり》）をやぶる。
江戸時代《えどじだい》	1603年《ねん》（慶長《けいちょう》8年《ねん》）	徳川家康《とくがわいえやす》が江戸《えど》に幕府《ばくふ》を開《ひら》く。
	1615年《ねん》（慶長《けいちょう》20年《ねん》、元和元年《げんながんねん》）	大坂夏《おおさかなつ》の陣《じん》で、徳川軍《とくがわぐん》が豊臣家《とよとみけ》をほろぼす。豊臣秀頼《とよとみひでより》自刃《じじん》、真田幸村《さなだゆきむら》が戦死《せんし》。

平安時代《へいあんじだい》

935年《ねん》（承平《しょうへい》5年《ねん》）	平将門《たいらのまさかど》の乱《らん》が起《お》こる。940年《ねん》、平貞盛《たいらのさだもり》によって将門《まさかど》が討《う》たれる。
974年《ねん》（天延《てんえん》2年《ねん》）	安倍晴明《あべのせいめい》が天文博士《てんもんはかせ》になる。
1016年《ねん》（長和《ちょうわ》5年《ねん》）	藤原道長《ふじわらのみちなが》が摂政《せっしょう》になり、以後《いご》道長《みちなが》が政治《せいじ》の実権《じっけん》を握《にぎ》る（1027年《ねん》死去《しきょ》まで）。
1140年《ねん》（保延《ほうえん》6年《ねん》）	西行法師《さいぎょうほうし》がこの年《とし》に出家《しゅっけ》する。
1167年《ねん》（仁安《にんあん》2年《ねん》）	平清盛《たいらのきよもり》が太政大臣《だいじょうだいじん》になる。

鎌倉時代《かまくらじだい》

1185年《ねん》（元暦《げんりゃく》2年《ねん》、文治元年《ぶんじがんねん》）	壇ノ浦《だんのうら》の合戦《かっせん》で平家《へいけ》がほろぶ。鎌倉幕府《かまくらばくふ》による支配体制《しはいたいせい》が確立《かくりつ》する。
1189年《ねん》（文治《ぶんじ》5年《ねん》）	衣川《ころもがわ》の戦《たたか》いでやぶれた源義経《みなもとのよしつね》が自決《じけつ》。
1192年《ねん》（建久《けんきゅう》3年《ねん》）	源頼朝《みなもとのよりとも》が征夷大将軍《せいいたいしょうぐん》に就任《しゅうにん》。
1206年《ねん》（元久《げんきゅう》3年《ねん》、建永元年《けんえいがんねん》）	チンギス・ハンがモンゴル帝国皇帝《ていこくこうてい》に即位《そくい》。
1333年《ねん》（元弘《げんこう》3年《ねん》／正慶《しょうきょう》2年《ねん》）	鎌倉幕府《かまくらばくふ》がほろびる。後醍醐天皇《ごだいごてんのう》が親政《しんせい》をはじめる（1235年《ねん》まで、建武《けんむ》の中興《ちゅうこう》〈新政《しんせい》〉）。

室町時代《むろまちじだい》

1336年《ねん》（延元元年《えんげんがんねん》／建武《けんむ》3年《ねん》）	湊川《みなとがわ》の戦《たたか》いで楠木正成《くすのきまさしげ》が戦死《せんし》。足利尊氏《あしかがたかうじ》が室町幕府《むろまちばくふ》を開《ひら》く。
1392年《ねん》（元中《げんちゅう》9年《ねん》／明徳《めいとく》3年《ねん》）	南北朝《なんぼくちょう》が統一《とういつ》される。
1467年《ねん》（応仁元年《おうにんがんねん》）	応仁《おうにん》の乱《らん》がおこる（〜1477年《ねん》）。
1543年《ねん》（天文《てんぶん》12年《ねん》）	ポルトガル人《じん》が種子島《たねがしま》に鉄砲《てっぽう》を伝《つた》える。
1549年《ねん》（天文《てんぶん》18年《ねん》）	フランシスコ・ザビエルがキリスト教《きょう》を伝《つた》える。

江戸時代《えどじだい》

1637年《ねん》（寛永《かんえい》14年《ねん》）	天草四郎《あまくさしろう》がひきいた島原《しまばら》の乱《らん》が起《お》こる（翌年《よくねん》までつづく）。
1639年《ねん》（寛永《かんえい》16年《ねん》）	幕府《ばくふ》がポルトガル船《せん》の来航《らいこう》を禁止《きんし》し、鎖国《さこく》が完成《かんせい》する。
1689年《ねん》（元禄《げんろく》2年《ねん》）	松尾芭蕉《まつおばしょう》が『おくのほそ道《みち》』の旅《たび》に出発《しゅっぱつ》。
1702年《ねん》（元禄《げんろく》15年《ねん》）	赤穂浪士《あこうろうし》の討《う》ち入《い》り。（前年《ぜんねん》、浅野内匠頭《あさのたくみのかみ》が吉良上野介《きらこうずけのすけ》に斬《き》りかかり〈松《まつ》の廊下刃傷沙汰《ろうかにんじょうざた》〉、切腹《せっぷく》となる）
1794年《ねん》（寛政《かんせい》6年《ねん》）	東洲斎写楽《とうしゅうさいしゃらく》が江戸《えど》の町《まち》で活躍《かつやく》、約《やく》百四十点《てん》の浮世絵《うきよえ》を残《のこ》す。
1802年《ねん》（享和《きょうわ》2年《ねん》）	十返舎一九《じっぺんしゃいっく》『東海道中膝栗毛《とうかいどうちゅうひざくりげ》』が出版《しゅっぱん》される。
1841年《ねん》（天保《てんぽう》12年《ねん》）	平田篤胤《ひらたあつたね》が幕命《ばくめい》により国元《くにもと》に帰《かえ》される。
1853年《ねん》（嘉永《かえい》6年《ねん》）	アメリカ使節《しせつ》ペリーが浦賀《うらが》に来航《らいこう》。
1867年《ねん》（慶応《けいおう》3年《ねん》）	十五代将軍《じゅうごだいしょうぐん》・徳川慶喜《とくがわよしのぶ》により大政奉還《たいせいほうかん》がなされ、江戸幕府《えどばくふ》が終《お》わる。朝廷《ちょうてい》により王政復古《おうせいふっこ》の大号令《だいごうれい》が発《はっ》せられる。

明治時代《めいじじだい》

1868年《ねん》（慶応《けいおう》4年《ねん》、明治元年《めいじがんねん》）	五箇条《ごかじょう》のご誓文《せいもん》が発《はっ》せられる。江戸城《えどじょう》無血開城《むけつかいじょう》。
1871年《ねん》（明治《めいじ》4年《ねん》）	廃藩置県《はいはんちけん》がおこなわれる。
1877年《ねん》（明治《めいじ》10年《ねん》）	西南戦争《せいなんせんそう》が起《お》こる。西郷隆盛《さいごうたかもり》自刃《じじん》。
1882年《ねん》（明治《めいじ》15年《ねん》）	板垣退助《いたがきたいすけ》が暴漢《ぼうかん》におそわれる（一命《いちめい》はとりとめる。死去《しきょ》は1919年《ねん》）。
1889年《ねん》（明治《めいじ》22年《ねん》）	大日本帝国憲法《だいにっぽんていこくけんぽう》が発布《はっぷ》される。

あとがき

子《こ》どものころから、日本史《にほんし》が好《す》きでした。

時間《じかん》をみつけては、図書館《としょかん》に行《い》って、いろんな「日本《にほん》の歴史《れきし》」シリーズを、第一巻《だいかん》から最終巻《さいしゅうかん》まで、先《さき》へ、先《さき》へと読《よ》みすすめたものでした。

歴史上《れきしじょう》の人物《じんぶつ》たち、ひとりひとりが、さだめられた運命《うんめい》に導《みちび》かれるように、ドラマティックに生《い》きて、活躍《かつやく》し、死《し》んでいく。そうした、ひとりひとりの生《い》き方《かた》・死《し》に方《かた》を知《し》ることが、とても面白《おもしろ》く思《おも》われたのです。

とりわけ好《す》きだった人物《じんぶつ》は、天下《てんか》をねらった炎《ほのお》の英雄《えいゆう》・織田信長《おだのぶなが》、農民《のうみん》の身《み》から天下《てんか》をとった豊臣秀吉《とよとみひでよし》、じぃっと天下《てんか》を待《ま》ちつづけた徳川家康《とくがわいえやす》、最強《さいきょう》の武将《ぶしょう》といわれた上杉謙信《うえすぎけんしん》、天下一《てんかいち》のつわもの・真田幸村《さなだゆきむら》などの戦国武将《せんごくぶしょう》たちでした。

神秘的《しんぴてき》な女王《じょおう》・卑弥呼《ひみこ》や、スーパーマンみたいな聖徳太子《しょうとくたいし》。首《くび》が飛《と》んだ平将門《たいらのまさかど》、超人的《ちょうじんてき》な力《ちから》をもつ安倍晴明《あべのせいめい》、歌《うた》よみの西行《さいぎょう》、超美人《ちょうびじん》の小野小町《おののこまち》。悲劇《ひげき》のヒーロー・源義経《みなもとのよしつね》と弁慶《べんけい》、俳諧師《はいかいし》のチャンピオン・松尾芭蕉《まつおばしょう》、大首絵《おおくびえ》の写楽《しゃらく》、膝栗毛《ひざくりげ》の一九《いっく》なども、好《す》きな人物《じんぶつ》でした。

この『日本史《にほんし》　超《ちょう》びっくり！謎伝説《なぞでんせつ》』には、そうした僕《ぼく》の大好《だいす》きな人物《じんぶつ》たちをとりあげてみましたが、あえて、それまでの常識《じょうしき》や定説《ていせつ》をひっくりかえすような、びっくり・ぶっ飛《と》び・謎解《なぞと》き（!?）エピソードを、紹介《しょうかい》してみました。

「へえ、ウソみたいだけど、ほんとかな？」

と、みなさんが楽《たの》しく、ゆかいに、この本《ほん》を読《よ》んでもらえたなら、うれしく思《おも》います。

そして、この本《ほん》を通《とお》して、みなさんが日本《にほん》の歴史《れきし》と人物《じんぶつ》たちに、より親《した》しみを覚《おぼ》えていただけたら、と心《こころ》から願《ねが》っています。

小沢《おざわ》　章友《あきとも》

【主要参考文献・ホームページ】

『日本古典文学全集 平家物語』市古貞次／校注・訳 小学館
『日本古典文学全集 義経記』梶原正昭／校注・訳 小学館
『現代語訳 信長公記』太田牛一／著 中川太古／訳 新人物文庫
『現代語訳 武功夜話 信長編』加来耕三／訳 新人物往来社
『完訳フロイス日本史 織田信長篇』ルイス＝フロイス／著 松田毅一・川崎桃太／訳 中央公論社
『日本の歴史がわかる本〈人物篇〉古代～鎌倉時代』小和田哲夫／著 知的生き方文庫
『芭蕉おくのほそ道 付 曾良旅日記、奥細道菅菰抄』松尾芭蕉／著 萩原恭男／校注 岩波文庫
『芭蕉紀行文集 付 嵯峨日記』松尾芭蕉／著 中村俊定／校注 岩波文庫
『日本の歴史01 縄文の生活誌』岡村道雄／著 講談社学術文庫
『日本の歴史03 大王から天皇へ』熊谷公男／著 講談社学術文庫
『日本の歴史1 神話から歴史へ』井上光貞／著 中公文庫
『古代史の謎を探る』黒岩重吾／著 大和書房
『大系日本の歴史3 古代国家の歩み』吉田孝／著 小学館
『日本古典文学全集 今昔物語集』馬淵和夫・国東文磨・今野達／校注 小学館
『日本古典文学全集 宇治拾遺物語』小林智昭／校注 小学館
『新・歴史群像シリーズ 信長・秀吉・家康 天下統一と戦国の三英傑』学研
『新・歴史群像シリーズ 信長と織田軍団 戦国を席捲した天下布武の軍客』学研
『忍者に学ぶ心・技・体 正伝忍者塾〈上巻〉〈下巻〉』黒井宏光／監修 鈴木出版
『図説日本の古典18 京伝・一九・春水』神保五弥・北原進・小林忠／編 集英社
『日本史の都市伝説』山口敏太郎／著 宝島社
『教科書が教えない歴史人物の常識疑問』新人物往来社
『日本の歴史101の謎』小和田哲男／著 知的生きかた文庫
『学校では教えない日本史』歴史のふしぎを探る会／編集 扶桑社文庫
『学校では教えてくれない日本史人物の謎』学研編集部／編 学研
『変わる日本史』日本歴史楽会／著 宝島社
『日本史ウソみたいなその後』歴史の謎を探る会／編 KAWADE夢文庫
『ヒトと文明 狩猟採集民から現代を見る』尾本恵市／著 ちくま新書
特別史跡 三内丸山遺跡 公式ホームページ

集英社みらい文庫

日本史《にほんし》
超《ちょう》びっくり！ 謎伝説《なぞでんせつ》

小沢章友《おざわあきとも》　著
RICCA《リッカ》　絵

ファンレターのあて先
〒101-8050　東京都千代田区一ツ橋2-5-10　集英社みらい文庫編集部
いただいたお便りは編集部から先生におわたしいたします。

2018年9月26日　第1刷発行

発行者　北畠輝幸
発行所　株式会社 集英社
〒101-8050　東京都千代田区一ツ橋2-5-10
電話　編集部 03-3230-6246
読者係 03-3230-6080
販売部 03-3230-6393（書店専用）
http://miraibunko.jp
装丁　曽根陽子　中島由佳理
印刷　大日本印刷株式会社　凸版印刷株式会社
製本　大日本印刷株式会社

ISBN978-4-08-321460-8　C8221　N.D.C.913 186P 18㎝

集英社みらい文庫
注目の歴史作品

伝説《でんせつ》の、22の名勝負《めいしょうぶ》!!

日本《にほん》の歴史《れきし》
最強《さいきょう》ライバル列伝《れつでん》

小沢章友《おざわあきとも》・著　きろばいと・絵

日本《にほん》の歴史《れきし》には、
多《おお》くの「ライバル」同士《どうし》の対決《たいけつ》がありました。
最澄《さいちょう》VS空海《くうかい》、清少納言《せいしょうなごん》VS紫式部《むらさきしきぶ》、平家《へいけ》VS源氏《げんじ》、
信玄《しんげん》VS謙信《けんしん》、西軍《せいぐん》VS東軍《とうぐん》、武蔵《むさし》VS小次郎《こじろう》、
佐幕派《さばくは》VS討幕派《とうばくは》などなど……
知《し》っておきたい、22の名勝負《めいしょうぶ》をクローズアップ!!

「みらい文庫《ぶんこ》」読者《どくしゃ》のみなさんへ

言葉《ことば》を学《まな》ぶ、感性《かんせい》を磨《みが》く、創造力《そうぞうりょく》を育《はぐく》む……、読書《どくしょ》は「人間力《にんげんりょく》」を高《たか》めるために欠《か》かせません。たった一枚《いちまい》のページをめくる向《む》こう側《がわ》に、未知《みち》の世界《せかい》、ドキドキのみらいが無限《むげん》に広《ひろ》がっている。これこそが「本《ほん》」だけが持《も》っているパワーです。

学校《がっこう》の朝《あさ》の読書《どくしょ》に、休《やす》み時間《じかん》に、放課後《ほうかご》に……。いつでも、どこでも、すぐに続《つづ》きを読《よ》みたくなるような、魅力《みりょく》に溢《あふ》れる本《ほん》をたくさん揃《そろ》えていきたい。読書《どくしょ》がくれる、心《こころ》がきらきらしたり胸《むね》がきゅんとする瞬間《しゅんかん》を体験《たいけん》してほしい、楽《たの》しんでほしい。みらいの日本《にほん》、そして世界《せかい》を担《にな》うみなさんが、やがて大人《おとな》になった時《とき》、「読書《どくしょ》の魅力《みりょく》を初《はじ》めて知《し》った本《ほん》」「自分《じぶん》のおこづかいで初《はじ》めて買《か》った一冊《いっさつ》」と思《おも》い出《だ》してくれるような作品《さくひん》を一所懸命《いっしょけんめい》、大切《たいせつ》に創《つく》っていきたい。

そんないっぱいの想《おも》いを込《こ》めながら、作家《さっか》の先生方《せんせいがた》と一緒《いっしょ》に、私《わたし》たちは素敵《すてき》な本作《ほんづく》りを続《つづ》けていきます。「みらい文庫《ぶんこ》」は、無限《むげん》の宇宙《うちゅう》に浮《う》かぶ星《ほし》のように、夢《ゆめ》をたたえ輝《かがや》きながら、次々《つぎつぎ》と新《あたら》しく生《う》まれ続《つづ》けます。

本《ほん》を持《も》つ、その手《て》の中《なか》に、ドキドキするみらい――。

本《ほん》の宇宙《うちゅう》から、自分《じぶん》だけの健《すこ》やかな空想力《くうそうりょく》を育《そだ》て、〝みらいの星《ほし》〟をたくさん見《み》つけてください。

そして、大切《たいせつ》なこと、大切《たいせつ》な人《ひと》をきちんと守《まも》る、強《つよ》くて、やさしい大人《おとな》になってくれることを心《こころ》から願《ねが》っています。

2011年《ねん》　春《はる》

集英社《しゅうえいしゃ》みらい文庫編集部《ぶんこへんしゅうぶ》